JN028953

協働する
メンタルヘルス

“会う・聴く・共に動く”
多職種連携／チーム支援

下平美智代

金剛出版

目次

まえがき

本書の着想は、二〇二一年の秋、私自身が内省的になっている時期に芽生えました。ちょうどその頃、私はある大学の兼任講師となり、心理演習の授業で、地域精神保健における来談者（本人、家族、支援者）との面接、多職種連携のなかでのコミュニケーションについて学生たちに話をするようになりました。この授業ではオープンダイアローグ［注1］についても紹介しています。授業の準備をし、授業で話し、学生の質問に答えるなかで、地域精神保健の臨床実践に深くコミットするようになってから数年間のさまざまな体験を振り返ることになりました。

同じ頃、金剛出版の『精神療法』誌と『臨床心理学』誌から執筆依頼があり、その執筆の過程でも、同様に、さまざまな体験を振り返ることになりました。『精神療法』誌には、「オープンダイアローグに学ぶ――地域精神保健における対話的でコラボレイティブな支援のあり方」というタイトルの論考を寄稿しました。その執筆過程で、改めて、フィンランドを訪れたときの取材ノートを読み返しました。ケロプダス病院で立ち会った治療ミーティングでの、スタッフの患者さんへの言葉がけや、患者さんの言葉への応答に着目して、その意味（なぜそうしているのか）を考察したとき、私自身が以前とは違った観点でそれを観ていることに気づきました。この数年間の私自身の経験がその観方を可能にしたことにも気づきました。

私自身、これまで地域で多様な困りごとを抱える人々と出会い、熱意と誠意とマネジメント力を兼ね備えた臨床家諸氏と協働し、意義ある取り組みに参加させてもらいました。研究者でもある私は、こうした体験の数々から、協働的な取り組みをすると何が起こりうるのか、どのような意義があるのかを改めて言語化する作業をしていきたいと考えるようになりました。それから間もなく、金剛出版編集部の藤井さんから単行本のお話をいただいたのです。本書はオープンダイアローグについての本ではありませんが、オープンダイアローグとの出会いがなければ書きえなかったものです。これまで関わってきた人たちへの感謝の意も込めて、その経緯を書き留めておきたいと思います。

オープンダイアローグとの出会い

私がオープンダイアローグについて初めて知ったのは二〇一三年の夏頃のことでした。当時の私は、地域精神保健の支援プログラムや支援技法を対象とする研究者でした。ある会合で、尊敬するソーシャルワーカーMさんが「オープンダイアローグって知っていますか？　もしご存知なら教えてほしいと思って」と声をかけてくださったのが全ての始まりです。そのときの私はまだ知らなかったのですが、ちょうどその頃は、大阪府立大学（地域保健学域）の松田博幸さんの発信で、ソーシャルワーカーの方々を中心に、オープンダイアローグのドキュメンタリー映画［注2］の自主上映会が各地でぽつぽつと行われ始めたときでした。Mさんも映画を観たと言い、「すごいことのようにも思うけれど、スタッフのインタビューだけで何が行われているのかよくわからなかった。怪しい気もしている」とおっしゃっていました。私はその話にとても惹きつけられ、すぐに調べ始めました。文献を読み、ドキュメンタリー映画のDVDも取り寄せて視聴しました。部分的な理解は進んだものの、どうも全体像がつかめませんでした。

そこで、現場に行かないと実際のことはわからないと、二〇一四年の春に見学研修に申し込み、九月中旬にフィンランドのケロプダス病院を初めて訪れました。フィンランド語通訳の森下圭子さんと共にケロプダス病院の敷地内にあるアパートメントに五泊六日滞在させていただき、レクチャーを受け、スタッフにインタビューを行い、患者さんやご家族の承諾のあるときには、院内や地域のクリニック、あるいは家庭での治療ミーティングに同席させてもらいました。

援助者としての「あり方」の探求

当初は、研究者として、オープンダイアローグというモデルの詳細を知りたい、汎化できるようなものなのか、日本に導入可能かこの目で確かめたいと思っていました。一方で、私は精神科クリニックで心理療法士として働いた経験もあったため、現地スタッフの話を聴き、複数のミーティングに同席させていただくなかで、病院や地域の体制だけでなく、スタッフたちの治療姿勢や考え方、それを支えているトレーニングのあり方に惹きつけられていきました。特に、第1章にも登場するケロプダス病院心理士、エリナ（Elina Löhönen）さんの、患者さんやそのご家族への関わり、地域の他の支援機関のスタッフとの連携の様子には非常に感銘を受けました。また、ティモ（Timo Haaraniemi）さんという看護師で家族療法士の方が私に言ってくださった「オープンダイアローグはメソッドではない。考え方や生き方のようなものだと僕は捉えている」という言葉が深く心に残りました。当時、私自身はマインドフルネス瞑想を生活に取り入れ、禅に関心が向き始めた頃でした。ティモさんの言う「生き方」は、何か禅的な「あり方」、茶道や書道の「道」に近いニュアンスのように私には感じられたのです。

彼らが行っているような臨床実践を探求してみたいという強い思いが湧きました。研究者としてただ観察するのではなく実践して体験したいという思いは、研修が終わって帰国した後も消えることはありませんでした。そして、フルタイムで臨床実践をしていこうと決めたのです。

ＡＣＴチームでの経験

臨床に軸足を移すことに決めたものの、日本のどこに行けば、フィンランドで見てきたような実践ができるのかわからずにいました。そんなとき、ＡＣＴ－Ｊ（アクトジェイ）という、二〇〇五年に厚労科研の研究事業で創設され、後にＮＰＯ法人を母体に運営されるようになったＡＣＴチームに誘っていただきました。私なりに後戻りはできない旅に出るようなつもりで意を決し、二〇一五年四月、ＡＣＴ－Ｊの母体のＮＰＯ法人に転職しました。

ＡＣＴ－Ｊで学んだことはたくさんありますが、私にとって大きかったのは、真のチームアプローチを体験したことです。ＡＣＴチームは、ＩＴＴ（Individual Treatment Team／個別担当チーム）制をとっていて、利用者ごとに二名以上の小チームが形成され、プライマリを置くものの、ＩＴＴ全員が個別の利用者支援に責任をもち主体的かつ協働的に動きます。研究者として、ＡＣＴチームの機能は知っているつもりでした。しかし、外から観察するのと、内側に入って体験するのとでは理解の質が全く違います。チームに入った頃、先輩諸氏のチームとしての動きを目の当たりにしていましたが、私自身もＩＴＴに入って動いたとき、心底、「これはすごい！」と思いました。ケロプダス病院でも二名以上のスタッフが患者ごとにチームを組んで動きます。チーム支援の意義は、利用者と支援スタッフ双方にとっての安心安全を提供できることだと思います。その「安心安全」には支援の質の担保もスタッフのバーンアウトの予防も含まれているのです。

目の前の人々との間で起こること

ＡＣＴ－Ｊで無我夢中で働いて三年がたった頃、国立精神・神経医療研究センター精神保健研究所の元の所属部から、部に戻り、埼玉県所沢市アウトリーチ支援チームを立ち上げて運営をしてほしいというお話をいただきました。所沢のチームはＡＣＴではなく、新しいモデルを創ることになるということ、市の事業であることなどが私にとっては魅力的に感じられ、二〇一八年一〇月に転職しました。チームづくりも支援の体制づくりも、創造的でやりがいがありました。このとき、ＡＣＴプログラムの機能や構造は参考にしましたが、オープンダイアローグについては脇に置いておくことにしました。臨床姿勢としては意識していたと思いますが、チームスタッフに、オープンダイアローグの話をすることはありませんでした。ＡＣＴチームで働いていた頃は、オープンダイアローグの中核要素と言われるリフレクティングをスタッフ研修に取り入れたりもしていました。ただ、ケロプダス病院で間近で見て、私自身が「実践のなかで体験したい」と思っていたことがどういうことなのか、何かを取り入れればそのような実践になるのか、自分でもだんだんわからなくなっていたからです。

そうしたこともあり、所沢ではオープンダイアローグはあえて話題にせず、こだわらず、目の前の人々との間で起こることに集中しようと思いました。所沢のチームスタッフはそれぞれに異なるバックグラウンドをもち、熱意も誠意も兼ね備えた優秀な人たちでした。精神保健研究所からの温かく実際的な後方支援もあり、皆で力を合わせて新しいチーム、支援体制を創っていきました。

協働的実践

所沢市で働くようになってからの数年間、さまざまな出会いがあり、出会った人々との協働的な関わり合いがありました。私にとっては難しいと感じる対応も含め、とても貴重な経験をいくつもさせていただいたと思っています。この間、Covid-19の影響による社会の変化、私自身の生活の変化や心境の変化がありました。そうしたなかで、〝オープンダイアローグに導かれてここまで来たようなものだけれど、当初探求したいと思ったことを探求し続けているだろうか？〟と自問するようになりました。そんな折、冒頭で触れた、これまでの臨床実践での経験とケロプダス病院での経験を振り返る機会をいただいたのです。そのような内省のなかで、私自身、所沢市に来て、「オープンダイアローグ」にはこだわらず、目の前の人々との間で起こることに意識を向け続けたことで、かつて「実践して体験したい」と思ったその実践のただなかに、いつの間にか身を置くようになっていたのだと気づいたのです。

＊

本書は、人々の「協働」を中心に据えています。事例はフィクションですが、支援のあり方としては、世界や日本のあちこちですでに実践されていることです。ただ、こうした協働的実践は日本ではまだ十分に広がっていないと思われます。私自身が、アンダーソンとグーリシャン［注3］のコラボレイティブ・アプローチの考え方を大事にしているということと、彼らの論文「言語システムとしてのヒューマンシステム――臨床理論発展に向けてのいくつかの理念」を翻訳して掲載した『協働するナラティヴ』（アンダーソン＋グーリシャン、二〇一三）への敬意をこめて、本書の主題を『協働するメンタルヘルス』としました。本書で例に挙げたような協働的実践は関係者全てをエンパワメントするものだと思います。本書がこうした実践を志向する全ての人に届くことを願っています。

第1章では、多職種連携とは何か、なぜメンタルヘルス（精神保健医療福祉）において多職種連携やチーム支援が重要なのか、脱施設化や長期入院者の地域移行といった背景も含め解説しています。第2章と第3章は、事例を通して具体的に多職種連携やチーム支援がどのように展開されていくのか見ていきます。第4章では、メンタルヘルスサービスを利用する側である経験専門家やサービスを提供する側の多職種専門家のみなさんのそれぞれの経験や考えを「人々の声」として収録しました。なお、各章における重要なキーワードは「コラム」で解説しています。その他、学生や他領域の専門職あるいは、メンタルヘルスの専門職であっても職種によってはあまり馴染みがないだろうと思われる用語については、「用語解説」に掲載しています。必要に合わせてご参照ください。

⦿注

[1] Open Dialogue／フィンランドの西ラップランド地域で一九八四年から実践されている精神保健医療の取り組み。この取り組みでは精神科医療の最初期に、家族療法のトレーニングを受けた二名以上のスタッフと患者や家族など関係者による「治療ミーティング」と呼ばれる治療的な場がもたれる。この地域で唯一公立の精神科専門病院であるケロプダス病院の長期在院者の退院支援から始まり、現在は二四時間電話相談を行い、地域住民の急性期のクライシスに対応している。予防的な対応も含め、病院スタッフたちは患者やその家族のニーズに合わせて地域のさまざまな場所に出向いて治療ミーティングを行っている。

[2] ダニエル・マックラー＝監督（二〇一一）「オープンダイアローグ――フィンランドにおける精神病治療への代替アプローチ」

[3] ハーレーン・アンダーソン（Harlene Anderson）

とハロルド・グーリシャン（Harold Goolishian）は、コラボレイティブ・アプローチを提唱した家族療法家。システム論的家族療法の、機能不全に陥った家族システムを治療者が介入することで変容させるという考え方に対して、社会構成主義の考え方をもとに、治療者が客観的に観察し介入できる家族システムはそもそも存在しないとした。実際には、家族が来談すると治療システム（「問題」について家族と治療者が会話し対応策を共に考える場）が形成され、会話の結果、その治療システムは変容し、問題が解消すれば治療システムは消滅するという見方を提示した。治療においてはセラピストの介入ではなく、治療姿勢を重視しており、「無知の姿勢」や「治療的会話」というあり方を示している。

⦿ 文献

ハーレーン・アンダーソン＋ハロルド・グーリシャン［野村直樹＝著／訳］（二〇一三）『協働するナラティヴ――グーリシャンとアンダーソンによる論文「言語システムとしてのヒューマンシステム」』、遠見書房

第1章
地域精神保健と多職種連携

日本では精神保健・医療・福祉は財源が異なり制度上縦割りとなっていますが、世界の多くの国では精神保健のなかに医療も福祉も含まれ、メンタルヘルス（Mental Health）として統合されています。日本では、医療機関、特に入院病床をもつ医療機関と地域にある保健福祉の事業所は、「病院」と「地域」と区別して呼ばれることがありますが、地域住民から見れば、病院も地域のリソースのひとつです。世界的には、メンタルヘルスはすでに地域中心、コミュニティケア中心です。コミュニティケア中心というのは、地域住民の誰もが重い病気や大きなケガで一時的に入院したとしても、そして長く続く障害を負ったとしても、その人が住み慣れた地域、もしくは職場のある地域で、必要な医療・保健・福祉のサービスを受けながら日常生活が送れるようにサポートされるあり方です。地域のなかに、行政の提供する保健サービスもあれば、医療機関も福祉系の事業所もある、というわけです。

考えてみれば、私たちは誰もが地域住民です。私たち専門職者もサービスを利用する側になりえます。そのときに真の多職種連携のもとであれば、誰もが自身のニードに見合った質の高いケアを受けることができるでしょう。後で詳しく説明するように、その前提として、多職種連携は「協働的実践」であり、「パーソンセンタード（患者／利用者中心）な実践」です。このことは、どこに属する専門職であっても意識する必要があります。医療職者が「パーソンセンタードな実践」あるいは「協働」の意識に欠けると、多職種協働はうまく成り立たず、それにより不利益を被るのは患者（利用者）やその家族です。たとえば、協働意識に欠ける医療にあなたがアクセスしたとき、あなたが受けられるのはせいぜい三分間の外来診療だけかもしれません。これでは、たとえあなたが経済的な悩みを抱えていても、主治医は同じ病院内で働くソーシャルワーカーにつなぐというアイデアさえ浮かばないかもしれません。専門職者に「パーソンセンタードな実践」や「協働」の意識があることは、患者（利用者）やその家族が必要とするケアあるいはサービスにつながる可能性を左右する重要な前提といえるでしょう。

本章では、まず、多職種連携とは何かを考えてみたいと思います。そしてメンタルヘルスにおける効果的な多職種連携の例を紹介し、世界で精神医療が地域中心となった歴史的背景を含め、精神保健医療福祉領域において職種を問わず押さえておくべき基礎知識について解説していきます。

1　多職種連携とは何か？

日本でも医療保健のさまざまな専門職教育に取り入れられるようになった「多職種連携」とは、どのようなものでしょうか。英語では、Interprofessional Collaborative Practiceといい、多専門職間の協働的実践を指します。世界保健機構（World Health Organization：WHO）は、二〇一〇年に多職種連携とその教育に関する手引き書として、"Framework for Action on Interprofessional Education & Collaborative Practice"（多職種連携教育と協働的実践における行動のための枠組み）（World Health Organization, 2010）［注1］を公開しています。それによると、ヘルスケアにおける協働的実践（collaborative practice）は、「異なる専門的背景をもつ複数の医療従事者が、患者やその家族、ケア提供者、地域と協力して、立場を超えて最高品質のケアを提供するために包括的なサービスを提供するときに生まれるもの」（p.13）です。そして、「実践」には、「診断、治療、調査、医療コミュニケーション、マネジメント、環境衛生工学など、臨床的および非臨床的な医療関連業務の両方が含まれる」（p.13）といいます。日本で「多職種連携」は多職種間で患者（利用者）の情報を共有し役割分担することのように受け取られているかもしれませんが、それは一面でしかありません。真の連携は「協働（collaboration）」を含んでいなくてはなりません。支援に携わる専門職者が協働する相手は、同じ専門職者だけではなく、支援対象となる人（患者＝利用者）、その家族あるいはケア提供者たちです。

まとめましょう。これからこの本で論じていく連携とは、①支援対象となる人（患者＝利用者）、その家族あるいはケア提供者たちとの協働を前提として、②そのうえで支援に携わる専門職者が、共通の目標（たとえば、患者の退院）に向けて、さまざまな情報を共有し、相補的に役割分担をしていく実践を指します。

1　私たちが職種を超えて協働する意義

では、なぜ私たち医療等従事者は職種を超えて協働する必要があるのでしょうか。世界保健専門職連盟（World Health Professions Alliance：WHPA）は、効果的な多職種連携は次の成果を導くと述べています（World Health Professions Alliance, n.d.）。

①保健サービスへのアクセスの向上と、多様な意思決定に関わる個人とその家族のための異なる機関や部署間の調整の向上。

②住民のニーズに応える包括的で調整された安全な保健システム。

③資源の効率的な利用。

④障害の発生率および有病率の低下。特に、医療制度が多職種連携を疾患の全過程にわたって受け入れる場合、非感染性疾患に関連する障害を予防する。

⑤医療従事者のストレスと燃え尽き症候群を軽減し、仕事の満足度を高める。

2 多職種連携のあり方

多職種連携が情報共有と役割分担にとどまらず、意味ある結果を出すもの（つまり効果的な協働）となるためにはどうしたらいいでしょうか。多職種連携とは、①支援対象となる人に最高品質のケアを提供するという「目的」のために、②異なる複数の専門職者が患者（利用者）や家族と共に働いていく「手段・方法」のことで、③あらかじめ決まった形はありません。目的に応じて、ケースバイケースで、連携の形は変わっていきます。むしろ、私たち専門職者がどういう考え方をもち、どういう姿勢で支援に臨むのかということに、効果的な多職種連携のあり方を見出すことができるかもしれません。前述のWHPA（n.d.）は以下のことを挙げています。

- 多職種連携はパーソンセンタード（患者/利用者中心）な実践を支持する。対象者個人、家族や地域のニーズに焦点を当て、彼らが協働チームの一員であると認めることで職種の差異は最小限となり、パートナーシップのもと、共同意思決定が展開される。
- 多職種連携ではチームメンバー間の相互尊重、相互信頼、能力の相乗効果を求められる。専門職者たちは共通の目標を共有し、互いの知識体系、役割、チームで合意したそれぞれの責任を尊重する。全ての専門家の個々の貢献が認識されると、対象者のニーズに対して、より適切でタイムリーな紹介が可能となり、対象者と専門職者の能力との良好なマッチングの可能性が高くなる。実践の範囲が重複しているときはいつでも、多職種協働チームは、個人のニーズに最も適した専門知識をもつ専門家が適切なタイミングで関わることを保証する。

- 多職種連携では、チームメンバー相互に、また関わりをもつ個人およびその人の重要な他者（家族、介護者、擁護者）と話をすること、および積極的に聴くことによって強化される効果的なコミュニケーションが求められる。

いかがでしょうか？　以上のＷＨＯやＷＨＰＡの説明する多職種連携の記述から、多職種連携とは、患者（利用者）やその家族（関係者）が最高品質のケアを受けられるためのチーム医療（支援）であることがわかります。専門職スタッフが機関や部署を超え、患者（利用者）や家族のために連携したとき、問題の解消を導いたり、問題の深刻化を防いだり、再発再入院を防いだりすることが考えられますし、専門職のバーンアウトや多大なストレスに伴う休職や離職を防ぐことにもつながります。

次節では、精神保健における効果的な多職種連携のあり方の一例として、フィンランドで実践されているオープンダイアローグを取り上げてみたいと思います。

2 効果的な多職種連携の一例
――フィンランドのオープンダイアローグ

効果的な多職種連携は、協働的実践（collaborative practice）であると考えられます。それは決して理想論ではなく、実践例があるのです。それが、オープンダイアローグ（Open Dialogue）で有名になった、フィンランドの西ラップランド地域の多職種連携です。

筆者は、二〇一四年九月と二〇一七年二月に、フィンランドの西ラップランド地域にあるケロプダス病院を訪れ、あわせて一〇ケースの治療ミーティングおよび面接に同席しました。これらには、家族療法としての色合いの濃い治療ミーティング、個人セラピー、児童相談所での面接、学校でのメンタルヘルス相談、多機関多職種スタッフと家族合わせて一〇名近い参加者数のカンファレンスなど多様性がありました。こうした多様性は、西ラップランド地域の精神保健において患者本位の協働的な多職種連携が実践されている証左ともいえます。ケロプダス病院は地域唯一の精神科専門病院です。ケロプダス病院の専門職スタッフは職種にかかわらず非常に柔軟で、機動力が高く、患者や家族、病院外の連携先（福祉事務所、学校、児童相談所など）職員の要請に応じて、必要とされる場所に出向いていました。まさに、WHPA（n.d.）の言う「対象者個人、家族や地域のニーズに焦点を当て」連携している姿がそこにありました。

本節では、効果的な協働の一例として、西ラップランド地域における多職種連携に着目してみたいと思います。

1　まずブレインストーミング

本題に入る前に、以下の問いについて自由に発想してみましょう。

問い

地方の小さな町Aにある公立の精神科病院では、児童・思春期外来（相談室含む）を新しく設置することになった。あなたは立ち上げメンバーであり、この部門をつくっていくための案を出すことを求められている。この外来開設の目的は、この町と周辺の市町村に暮らすメンタルヘルス上の困難を抱えた子どもたちが、なるべく精神科病院に入院することなく、外来スタッフの直接支援やその他の地域支援によって、その子ども自身や家族が抱える問題を解消し、状況を改善していくこと、それにより、子どもたちのより健全な成長に寄与することである。

この外来のスタッフたちはどんなことができるといいだろうか？

どのような体制や機能があるといいだろうか？

この問いは、筆者がある大学の心理演習の授業で、学生たちに自由に発想してもらいながら、お互いのアイデアを聴き合い、患者本位の支援、家族や他職種との協働について考察する機会となるようにとつくったものです。実はこれはケロプダス病院心理士で家族療法家でもあるエリナ・ロホネン（Elina Löhönen）氏が話してくれたことがベースになっています。筆者は、二〇一四年九月一七日と二〇一七年二月一三日にロホネン氏から、ケロプダス病院における児童思春期外来開設の経緯や、開設後のスタッフたちの地域連携についての貴重なお話を聴く機会を得ることができました［注2］。ロホネン氏のお話と西ラップランド地域の精神保健に関する論文をもとに、この地域での精神保健における多職種連携のあり方をみていきましょう。

2　ケロプダス病院のオープンダイアローグ

「オープンダイアローグ」と呼ばれる対話的実践は、一九八〇年代半ばに、ケロプダス病院の長期入院者の地域移行の過程で生まれ、九〇年代以降は急性期対応も含めた地域精神医療の取り組みとして発展しました。オープンダイアローグはひとつの治療法の名前ではありません。ケロプダス病院が二次医療機関として対象区域としている西ラップランド保健圏域における精神保健の取り組み全体を指す名称として、ヤーコ・セイックラ（Jaakko Seikkula）氏によって名付けられ、一九九五年に発表されました（Seikkula, 1995）。ケロプダス病院では、患者が受診したとき、医師との一対一の診察ではなく、二名以上の家族療法のトレーニングを受けたスタッフによる「治療ミーティング」が行われます（医師も家族療法のトレーニングを受けており、医師がミーティングに入ることもあります）。治療ミーティングは、患者本人と家族、すでにどこかで支援を受けている人はその支援者など、患者にゆかりのある人々が参加できるように、ケロプダス病院スタッフによってコーディネートされます。

3　地域の特性に合わせた体制づくり

ケロプダス病院は成人対象の精神科専門病院ですが、二〇〇〇年代前半に児童思春期外来を開設して若年者支援に取り組んでいます。その経緯について、ロホネン氏は次のように語っていました。

「（ケロプダス病院のある）トルニオの近くには児童が入院できる精神科はありません。入院するとしたらオウル（西ラップランド地域外の地方都市）になってしまいます。そのため、ケアの重要な要素として、家族とネットワーク（他機関職員）を早くから巻き込み、できる限り入院せずに事態が解決するように対応しています」

（二〇一四年九月一七日取材記録より引用。（ ）内は筆者による補足）

「この地域に未成年者の精神科外来ができる前、未成年者は内科で診てもいいいんじゃないか？　という議論がありました。そうすると子どもたちは一次医療機関のGP（一般医）のところに行くことになります。しかし、GPだと、問題が読み取れないことがあります。対応にも時間がかかり、手遅れになることもあります。そこで、子どもは誰につながりやすいだろうかと考えたときに、スクールナースだと思いました。結果として、ここに児童・思春期外来ができたのですが、若者のいるところでは、スクールナースとは連携して活動すればいいと思ったのです」

（二〇一七年二月一三日取材記録より引用）

子どもの精神科的問題が深刻化すると、入院が必要になることがありますが、西ラップランド地域には児童精神科病床がありません。そのため、もし入院が必要になると、その子は圏域外のオウルというとても遠い町の病院に移送されることになります。そうすると、その子どもは、普段の慣れ親しんだ土地から離れ、家族や友達や学校の先生などその子が頼りにしている、あるいは馴染みのある人々から離れ、一人ぼっちで、知らない環境に収容されることになってしまいます。社会的なネットワークから離れ知らない場所に連れていかれることによるその子どもの不安、恐怖、さびしさなどからくる心理的ダメージ（それはもしかしたら病状をさらに悪化させるかもしれません）を極力回避したいという課題意識が、ロホネン氏や同僚たちにはありました。このように、ケロプダス病院の児童思春期外来のスタッフは、二次予防（病気の重症化や問題の深刻化を予防する）のために自らが動くことは自分たちの職務であると認識していて、だからこそ、地域の他のさまざまな職種と日頃からネットワークを築き、連携しているのです。

4　地域住民中心（患者中心）の多職種連携

前述のように、ケロプダス病院は西ラップランド地域で唯一の有床の精神科専門病院で、急性期にも早期に対応し、入院や重症化を予防できるように、市民の誰もが相談できる二四時間相談電話を設置して、家族療法のトレーニングを受けたスタッフが交代で電話対応をしています。そして緊急性がある場合は二四時間以内に治療ミーティングを行います。この電話相談は、患者や家族だけではなく、地域の福祉事務所、児童相談所、学校、他科診療所など関係機関からの発信もあります。そのほかに、ケロプダス病院では学校にスタッフを定期的に派遣し、スクールナースと連携して学校でのメンタルヘルス相談も実施しています。西ラップランド地域では異なる機関の多職種が協働することは当たり前になっており、それは、支援ニーズのある地域住民（患者）を中心にケロプダス病院スタッフが率先して他機関職員と連携するために自ら外部に出向いていることが大きいと考えられます。

ロホネン氏は、「予防的観点に立ったとき、フィンランドではケロプダス病院が一番動きがよいと思います。私たちは児童相談所と警察とは密に連絡を取っています。学校の先生たちとも、子どもたちが日常場面で暴力をふるわれたとか、自分が耐えられる以上のことをされたという話を聞いたとき、どういう対応をするかを話し合っています。そのような場合は、警察に通報することになっているのですが、精神科に関連することが多いので、必要に応じて私たちも関わります」と話していました（二〇一七年二月一三日取材記録より引用）。

ロホネン氏と同僚たちは、地域の他機関と連携できるような下地をつくるために、「勉強会」と銘打って、定期的なミーティングの場を設け、顔の見える関係を築いてきたといいます。精神科スタッフだけではなく、スクールナース、教師、保育師、警察官、裁判所の検事や調査官などに声をかけて、たとえば、「子どもが暴力にあったときに、どう話を聞けばよいのか？」「どうしたら子どもが話しやすくなるか？」といったことをテーマに勉強会を行っているそうです。こういう場では、過去の事例での反省も踏まえて、子どもの話を「ほんとうのこと」として聞くこと、子どもの話を真摯に聴くということを伝えているそうです。ロホネン氏は言います。「行政も学校も精神科病院は自分とは違うのだと思いがちです。しかし、私たちケロプダス病院のスタッフが出ていくことで、精神科に関連する問題は日常の延長上に起きているのだという理解は得られたと思います」（二〇一七年二月一三日取材記録より引用)。

5 西ラップランド地域の多職種連携がもたらしたもの

前述のWHPAが挙げていた「効果的な多職種連携」が導く望ましい効果(Seikkula, 1995)は、まさに西ラップランド地域の精神保健が成し遂げていることであると考えられます。一つひとつ確認していきましょう。

①保健サービスへのアクセスの改善と、多様な意思決定に関わる個人とその家族のための異なる機関や部署間の調整の改善

二次医療機関であるケロプダス病院が地域住民に開かれた二四時間電話相談体制をもっていることで、精神科医療のニーズの高い人が治療につながりやすくなっています。また、ケロプダス病院スタッフは、患者や家族との会話で明らかになったニーズに合わせて外部支援にも迅速につないでいます。

②住民のニーズに応える包括的で調整された安全な保健システム

上記に加えて、ケロプダス病院では薬物治療や入院治療が治療の主軸ではなく、主に多職種チームと患者とその重要他者(家族など)が会話する「治療ミーティング」を基盤とし、その会話のなかで明らかになったニーズに合わせて他

の治療法やサービス、たとえば薬物治療、心理療法、福祉サービスなどが提案されます。そして、患者や家族が安心して他のサービスを使うことができるように、他機関支援者もまずは病院スタッフと患者とのミーティングに招かれて一緒に話をすることから新たな支援が始まります。このように、治療ミーティングにおける会話で、患者や家族のニーズは包括的にアセスメントされ、ニーズに合わせた提案がなされます。

③資源の効率的な利用

治療ミーティングの会話において、すべての治療サービスについての共同意思決定がなされ、サービス導入に担当の治療スタッフが介在するため、円滑に患者に合うサービスが適用されることでサービスからの脱落も少なくなると考えられます。

④障害の発生率および有病率の低下（特に、医療制度が多職種連携を疾患の全過程にわたって受け入れる場合、非感染性疾患に関連する障害を予防すること）

西ラップランド保健圏域の精神保健が効果的に機能していることを示す研究として、精神病性疾患を発症した五一人の初回エピソードの患者を前向きに追跡した調査研究があります（Seikkula et al., 2006）。基本となる治療は、全て二名以上の担当チームによる治療ミーティングです。この治療ミーティングをベースに、その都度患者にとって必要とされる治療法が加わります。二年後調査において、個人心理療法を受けていた患者は二一人（四六％）でしたが、この調査時点で一度でも抗精神病薬を使用した人はたったの八人（一九％）でした。五年後調査時点においては、個人心理療法を受けていた患者は一四人（三三％）、抗精神病薬治療を受けていたのは七人（一七％）でしたが、全体的に予後は良好で、就労・就学していた人は三二人（七六％）でした。

　また、この地域では、多職種チーム支援や地域連携の草創期だった一九八五年から一九八九年までの五年間と、地域における協働的なシステムが定着し始めた一九九〇年から一九九四年までの五年間の、統合失調症（ＤＳＭ－Ⅲ－Ｒ）の発症頻度についての調査研究（Aaltonen et al., 2011）が実施されました。前者では人口一〇万対二四・五、後者では一〇・四であり、一九九〇年から九四年の五年間のほうが有意に統合失調症の発症頻度が低い（$\chi^2=13.75$, $p<0.001$）という結果が示されています。一方、短期反応性精神病の発症頻度は人口一〇万対一・二から六・七となっており、一九九〇年から九四年の五年間のほうが有意に高い（$\chi^2=8.89$, $p<0.01$）という結果でした。その他の精神病圏の診断（統合失調感情障害は含まない）の発症頻度に有意差はなく、精神科初回コンタクト数にも有意差は見られませんでした。ＤＳＭ－Ⅲ－Ｒの診断基準では、症状が六カ月以上

持続している場合に統合失調症と診断されることから、西ラップランド地域では、多職種チームによる早期の心理社会的支援が定着したことにより、精神病性疾患の重症化や慢性化を予防している可能性があります。つまり、「統合失調症」と診断される人が減って、代わりに、より早期に回復する「短期反応性精神病」と診断される人が増加したと考えられます。

⑤医療従事者のストレスと燃え尽き症候群を軽減し、仕事の満足度を高める

ケロプダス病院では、スタッフの仕事への満足度は高く、定年まで勤める人が多いといいます（下平、二〇一五）。この背景には、スタッフたちが職種を超えて同じ研修を受けていることで、スタッフ同士の相互尊重や対等意識が職員間に根付いているということがあります。さらに、患者単位で構成される二名以上のチームで支援を行っていること、自分たちだけで提供できない支援については他のサービス機関と連携していることで、スタッフが一人で問題を抱え込むという状況が予防され、患者や家族ニーズも満たされています。地域をあげて、こうした患者のニーズに即した治療やケアを提供していく方法が、西ラップランド地域では治療効果を上げ、それがまたスタッフの仕事の満足度にもつながっていると考えられます。

3　地域精神保健の基礎知識

本書はチーム医療および多職種連携をテーマにしています。なぜ、この領域でもそれが必要とされているのかをより深く理解するために、ここからは、精神保健福祉領域で働く専門職者が職種にかかわらず踏まえておきたい基礎知識について解説していきましょう。特に、世界的な精神科医療改革として起きた脱施設化と長期入院者の地域移行、脱施設化の早かったアメリカで起きた問題とその対策、日本の歩みと現状について取り上げます。

1　精神科医療の脱施設化と長期入院患者の地域移行

本章の冒頭、メンタルヘルスはすでに地域中心であると述べました。ここでは、その歴史的背景を見ていきましょう。欧米諸国では一九六〇年代から九〇年代にかけて精神科医療の脱施設化および地域移行の政策が推し進められ、二〇〇〇年代までにほとんどの国が完了しています。「脱施設化」というのは長期入院など施設収容型の医療政策からの脱却を意味していて、具体的には、精神科病床数の削減と精神科病院の閉鎖が政策として推進されました。入院患者の地域移行には三つのパターンが考えられます。①長期在院者の退院促進と地域移行、②新規患者の入院の予防と退院した患者の再入院の予防、③入院が必要な場合も短期で退院できるような退院支援です。

欧米諸国でのこうした政策転換の背景には、次のような事情がありました。まず、一九五二年、他の用途で開発されたクロルプロマジン（chlorpromazine）に、幻覚・妄想・興奮などの精神症状を鎮静する作用のあることが発見されました（Delay et al., 1952）。それまで直接的に精神症状に作用する治療法がなかったことから、瞬く間にヨーロッパ中に、やがて全世界に広まりました。日本でも一九五四年には導入されたといいます（風祭、二〇〇二）。その後、精神科治療薬の開発が相次ぎ、精神症状の改善に一定の効果が認められたことから、患者は必ずしも入院治療を必要としないと考えられるようになりました。入院医療では多額の医療費がかかるため、欧米では国家予算における医療費削減の観点からも入院ではなく外来治療に移行することが推進されました。そして、人道的見地からも当時掲げられたノーマライゼーションの観点からも、長期の入院あるいは施設収容は是正される必要がありました。

一方、日本の精神保健医療施策では、諸外国の動向とは逆行するように、一九六〇年代後半から民間の精神科病院が増加し、長らく施設収容型の政策が続いていました。これには国内外から強い批判の声があがっていました。そして、遅まきながら、二〇〇四年に厚生労働省が発表した「精神保健医療福祉の改革ビジョン」において初めて、「入院医療中心から地域生活中心へ」という国としての基本方針が打ち出されたのです。

現在の日本では、精神疾患にかかったとしても、患者は必ずしも入院を必要としません。

外来中心の精神科診療所の数は多く、人々は通院先を自分で選択することができます。また、たとえ病状が重くなって入院したとしても、ほとんどの人が以前より短期間で退院するようになっています。

ただし、さまざまな理由で病状が悪化して入退院を繰り返す人や、治療が奏功せず長期入院となる人もいます。長期入院のなかで患者本人が退院への意思や自信を失ってしまう、退院先が見つからないなどの理由で退院困難となるケースもあります。ケアや福祉のサービス資源が不十分な地域もある一方、資源は豊富でも患者がそこにつながらず、病院からなかなか退院できないこともあります。何らかのサービス資源を必要としている人とサービス提供者をつなぐ支援者がいないために両者がつながらないということもあります。長期入院者の退院促進や地域移行、退院後の支援においては、病院スタッフが患者や家族と会話しながら、ニーズを特定し、共に退院先を探したり、退院後の地域資源を開拓し、患者（利用者）や家族と地域資源のサービス提供者とをつないだりするなど、まさに多職種連携が必要とされているのです。

2　ケアマネジメント（ケースマネジメント）

日本では介護保険サービスでよく知られるようになったケアマネジメントですが、実はその起源は一九二〇年代のアメリカで、慢性精神疾患を抱えながら地域で生活する人々のための支援として始まりました（Cesta, 2017）。アメリカではケースマネジメント（Case management）と呼ばれています。その後、さまざまな領域で応用されるようになりましたが、アメリカで本格的に発展したのは、精神科領域が地域医療ケアに移行した一九七〇年代以降のことです。この支援モデルがイギリスに渡った後、「ケース」ではなく「ケア」をマネジメントするという考え方に基づいてケアマネジメントと呼ばれるようになりました。

ケアマネジメントには「仲介サービス型」と「直接サービス型」という二つのタイプがあります。日本の介護保険サービスにおけるケアマネジメントは仲介サービス型です。これは利用者一人を一人のケアマネジャーが担当し、ニーズアセスメントを行い、ニーズに合うさまざまな外部サービス資源を適用していくというものです。ケアマネジャーは利用者のニーズが満たされているかモニタリングを行いますが、直接サービスは提供しません。障害福祉サービスを適用するときに計画相談を行う相談支援専門員も、このタイプのケアマネジメントを実施します。

一方で直接サービス型では、ケアマネジャーは通常、医療従事者としての資格をもち、対象者のニーズをアセスメントし、必要に合わせて外部リソースにもつなぎますが、基本的に自らが直接的に支援を実施します。長所としては、ニーズアセスメント、プランニング、支援提供がひとつながりで、支援が迅速かつテイラーメイドで提供されやすいことです。ただし、直接サービス型のケアマネジャーは、キャパシティ上、一度にたくさんのクライエントを受け持つことができません。これは、直接サービス型はより公的費用（予算）がかかるということを意味します。このため、欧米では、行政にゲートキープ機能［注3］があり、一般的には直接サービス型のケアマネジメントを必要とする対象に確実に適用されるための基準が設けられています。次に紹介するアメリカ発祥のACTは、直接サービス型のケアマネジメントのなかでも重度かつ慢性の精神疾患をもつ人を対象にしたプログラムです。行政サービスとして大きな予算が投入されるため、サービス導入基準が明確に定められています。

3　包括型地域生活支援プログラム（ACT）

ACTは、一九七〇年代、アメリカ・ウィスコンシン州立病院で、患者の地域移行支援がなされる途上で生まれました。慢性の統合失調症や入退院を繰り返すような重い精神障害をもつ人々を対象に、直接サービス型ケアマネジメントをベースとして、多様かつ集中的なケアをひとつの機関の多職種チームがアウトリーチ（訪問や同行支援）で提供する支援方法です。ACTにはフィデリティと呼ばれる、プログラムの忠実性をはかる評価基準（瀬戸屋、二〇一一）があります。一九八〇年代は多くの国で入院患者の地域移行支援が促進され、そのような時代にACTモデルは世界的に広がり、多くの調査研究が実施されました。フィデリティの高いACTは重い精神疾患をもつ人々の再入院を予防し、たとえ入院したとしてもその期間を短くすることが実証されています（Bond & Salyers, 2004）。

日本では政府が「地域生活中心」を打ち出した二〇〇四年以降、複数のＡＣＴチームが発足し、現在も各地で活動が展開されています。ただ、欧米では州政府などにより地域の公的なメンタルヘルス支援事業の一部としてＡＣＴが展開されているのに対して、日本は国や都道府県の事業ではなく、民間の診療所や訪問看護ステーションなどが有志でＡＣＴプログラムを実施しています。本来であれば、公的精神保健医療の一部として重度精神障害をもつ人を対象に提供されるべきプログラムですが、残念ながら日本ではそのような制度化されたプログラムとはなっていません。

4　精神障害者アウトリーチ推進事業

民間有志のＡＣＴとは別に、厚生労働省により二〇一一年から三年間、「精神障害者アウトリーチ推進事業」として、多職種構成によるアウトリーチ支援チームが精神障害者の地域生活を支えるモデル事業が全国二五カ所で都道府県の管轄によって実施されました。事業の実施は医療機関などに委託され、医療機関は多職種チームをつくりましたが、主旨を理解できているチームとそうでないチームとでは支援内容の豊富さや密度に大きな差があったようです。事業を評価した結果分析（角田ほか、二〇一七）によると、多職種アウトリーチチームによる支援を受けた利用者のうち、「機能が良くなったグループ」一五一人と、「機能が変わらない・悪くなったグループ」一五〇人を比較したところ、前者は後者に比べて支援のどの時期においても長時間の支援がなされていたそうです。特に看護師、精神保健福祉士による支援が多く、次いで臨床心理士、精神科医師の支援が多かったということです。またケアの内容も「機能が良くなったグループ」では、「日常生活の維持・生活技術の拡大・獲得」「精神症状の悪化や増悪を防ぐ」「対象者のエンパワメント」「対人関係の維持・構築」「身体症状の発症や進行を防ぐ」「就労・教育に関する援助」などより多くの支援がなされていました。この結果は、ACTの存在意義と重なります。つまり、重い精神障害をもつ人の地域ケアには、多職種による包括的かつ集中度の高い支援が必要とされていると考えられるからです。

今のところ制度化されていないACTですが、重度かつ慢性の精神障害をもつ人の地域ケアを担うサービスとして、精神科訪問看護や訪問診療が想定されています。精神科訪問看護は年々増加傾向にありますが、人材確保などの課題があるようです。一方、精神科の訪問診療は非常に少ないのが現状です。たとえば、市町村単位でみると、関東エリアのある市には精神科訪問看護を行う病院やステーションが合わせて六機関ありますが、訪問診療は一機関だけです。この一機関も精神科専門ではなく、介護保険の高齢者を主に対象としており、そのなかで自立支援医療を用いている精神科の患者も一部診療対象としているということです。

5 精神障害にも対応した地域包括ケアシステム（にも包括）

二〇一七年度より、高齢者介護の地域包括ケアシステムにならい、地域精神保健の一環として、都道府県自治体が「精神障害にも対応した地域包括ケアシステム」を構築していくという方針が国によって示されました。これは、「精神障害の有無や程度にかかわらず、誰もが安心して自分らしく暮らすことができるよう、医療、障害福祉・介護、住まい、社会参加（就労など）、地域の助け合い、普及啓発（教育など）が包括的に確保されたシステム」（厚生労働省「精神障害にも対応した地域包括ケアシステム構築支援情報ポータル」（https://www.mhlw-houkatsucare-ikou.jp/［二〇二三年四月一一日閲覧］））をいいます。通称「にも包括」は、「日常生活圏域」つまり市町村などの範囲で構築されることが推進されています。市町村行政が「にも包括」を構築していくために、まずは「地域アセスメントの実施」をして現状を把握します。その上で、「地域ビジョン（地域のあるべき姿）と具体的な目標の設定」と「役割分担とロードマップの作成」を行い、「各個別テーマ毎に実施可能なものから協議・実施」し、成果の評価をします。「地域アセスメント」の例としては、①協議の場の設置、②普及啓発、③家族支援、④住まいの確保、⑤ピアサポートの活用、⑥アウトリーチ支援、⑦退院後の医療等継続支援、⑧研修、⑨地域移行、⑩構築状況の評価、という一〇項目があります。

市町村単位で住民のための精神保健のケアシステムを構築することはとても重要です。行政機関に市民のための精神保健相談の窓口が設けられ、それがゲートキープ機能を果たすようになれば、医療が必要な人には医療を、医療ではなく精神保健のケアが必要な人にはそれを提供する仕組みができます。ただ、現状では地域格差があり、必ずしも地域住民がアクセスしやすい精神保健の相談窓口が市町村に整備されているわけではありません。

4 「にも包括」先進例
――所沢市・地域精神保健ケアシステム

「にも包括」推進の流れを先取りするように、所沢市では、独自の地域精神保健のケアシステムが構築されています（下平、二〇二〇）。所沢市は埼玉県南西部に位置する人口約三四万人の中都市です。所沢市には健康増進部の管理下に保健センターがあり、健康管理課「こころの健康支援室」（二〇一三年開設）が、精神障害福祉サービスの窓口業務やサービス支給の認定調査のほか、一般市民のこころの健康相談を実施しています。ここには、常勤の精神保健福祉士八名が配置されています（二〇二二年九月一日現在）。一般市民の相談に基づき、家庭訪問をしたり、学校や病院に出向いたり、必要に応じて医療や福祉、その他のリソースに働きかけ、来談者の問題解決のための直接支援を行ったりしているのが大きな特徴です。

前身となるセクションが保健センターに設置されたのは、県から市へ精神障害者福祉の業務移管があった二〇〇二年のことで、保健師三名と精神保健福祉士一名、事務職員一名の配置からのスタートだったといいます。市民からの相談のなかには、孤立やひきこもりなど表面的に見える状態像は同じでも、実際に関わってみると、急性精神症状ですぐにでも医療が必要な人もいれば、医療よりも、孤立を防ぐための関わりや見守りが必要な人もいました。また、相談を受けてもつなぎ先のない状態像の人々もおり、職員は相談を受けるだけではなく、直接支援も行っていました。しかし、市民からの相談は増加する一方で、多様なニーズに対して支援の供給が追い付かない状況がありました。二〇〇四年以降、福祉サービスは徐々に増えていきましたが、医療にも福祉にもつなぐことのできない人々の受け皿がなかったわけです。

何か手立てはないかと職員が模索するなかで、所沢蒼空会（家族会）よりACTの情報がもたらされました。

保健センターの職員は、家族会の協力もあり、二〇〇九年から外部講師を招いて、ACTなど地域精神保健の勉強会を行うようになりました。そして、二〇一五年一〇月より、多職種アウトリーチ支援チームを包含する所沢市独自の「所沢市精神障害者アウトリーチ支援事業」が開始されました。これは、三年ごとの委託事業で、受託した事業者は、看護師、精神保健福祉士、作業療法士、精神科医師、公認心理師などから成る多職種アウトリーチ支援チームをつくり、相談と直接支援の双方を行います。スタッフは専門職種を超えて個々の利用者のケアマネジメントを行い、そのニーズに合わせて、心理支援、生活支援、就学就労支援、住居支援、急性期対応、退院支援など多様な直接支援を展開しています。ただ、利用者のニーズに焦点を合わせた支援展開をするとなると、チーム内の支援リソースだけでは足りないことが多々あります。このためアウトリーチ支援チームの職員は、チーム内だけでなく、行政内外の多機関多職種スタッフと協働しています。

また所沢市では、精神障害をもつ人々のピアサポート活動を推進するために、二〇二〇年からオンラインで経験専門家の対話的なミーティングの場をつくり、二〇二一年からは、社会貢献のために自身の経験を語ることや、ピアサポートとして他者の話を聴くことを役割とする経験専門家のための講座を開いています。現在はその活動が市内に定着しつつあります。

以上のように、所沢市の地域精神保健ケアシステム（図❶）は、保健センターこころの健康支援室が市民の窓口となり、精神保健福祉士が相談員として、電話やメール、来所、訪問など柔軟な体制で精神保健の相談を受け、医療が必要な人は医療サービスを受けられるように、福祉サービスが必要な人は福祉サービスが受けられるようにきめ細やかな対応をしています。さらに既存の公的サービスを受けにくい人やチームでの包括的支援が必要な人はアウトリーチ支援チームにつないでいます。また、市が公に経験専門家活動を擁護・推進することで、精神障害をもつ人の横のつながりが確保され、経験専門家相互のエンパ

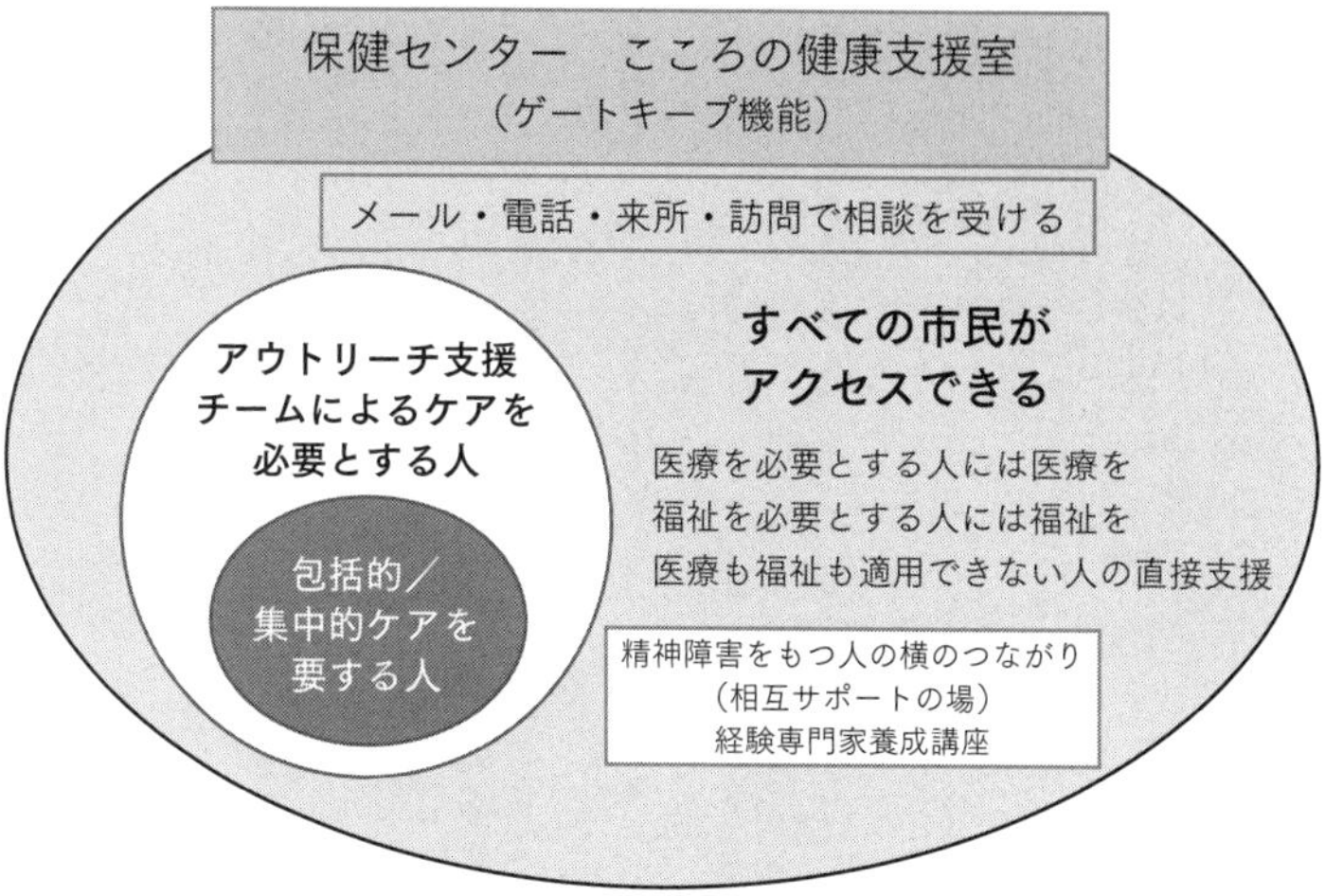

図❶　所沢市の地域精神保健ケアシステム

ワメントにもなっています。さらに、一般市民や専門職や家族が経験専門家の語りを聴く講演会の機会を設けるなど、市町村単位の精神保健ケアシステムのモデルとなるような取り組みを展開しています。

⦿ 注

[1] 三重大学が日本語版の翻訳および日本での出版権を得て二〇一四年に公刊している（「専門職連携教育および連携医療のための行動の枠組み」(https://apps.who.int/iris/bitstream/handle/10665/70185/WHO_HRH_HPN_10.3_jpn.pdf;sequence=8［二〇二二年八月一一日閲覧］))。本書では上記の訳を引用せず、英語原文の直訳に近い形で訳出した。

[2] ロホネン氏はフィンランド語で話され、フィンランド語通訳はいずれも森下圭子氏が務められました。なお、以下のロホネン氏が語ったこととして掲載している記述は英訳したものをロホネン氏ご自身に確認していただき、掲載の許可をいただきました。

[3] 門番の機能。一次相談窓口のことを指す。問題を抱える本人だけではなく、家族や支援者、病院・福祉事務所・児童相談所など公的機関の相談員なども本人に代わって相談できる窓口があること。

⦿ 文献

Aaltonen, J., Seikkula, J., & Lehtinen, K.（2011）The comprehensive open-dialogue approach in Western Lapland : 1. The incidence of non-affective psychosis and prodromal states. Psychosis 3-3 ; 179-191.

Bond, G.R. & Salyers, M.P.（2004）Prediction of outcome from the dartmouth assertive community treatment fidelity scale. CNS Spectrums 9-12 ; 937-942.

Cesta, T.（2017）What's old is new again : The history of case management. Relias Media, October 1st.（https://www.reliasmedia.com/articles/141367-whats-old-is-new-again-the-history-of-case-management

［二〇二二年八月一三日閲覧］）
Delay, J., Deniker, P. & Harl, J.M.（1952）Unitlisation en thérapeutique psychiatrique d'une phenothiazine d'action central elective. Annales Medico Psychologiques 110 ; 112-117.
風祭元（二〇〇一）「日本における抗精神病薬の導入と開発の歴史」、『Schizophrenia Frontier』二一二、七五一八〇頁
Seikkula, J.（1995）From monologue to dialogue in consultation with larger systems. Human Systems 6 ; 21-42.
Seikkula, J., Aaltonen, J., Alakare, B. et al.（2006）Five-year experience of first-episode nonaffective psychosis in open-dialogue approach : Treatment principles, follow-up outcomes, and two case studies. Psychotherapy Research 16-2 ; 214-228.
瀬戸屋雄太郎（二〇一一）「日本のＡＣＴの概観――フィデリティ調査などから見えていること」、『精神神経学雑誌』一一三―六、六一九―六二六頁
下平美智代（二〇一五）「さらに見えてきたオープンダイアローグ――フィンランド、ケロプダス病院見聞録」、『精神看護』一八―二、一〇六―一二二頁
下平美智代（二〇二〇）「コミュニティケア――所沢市の精神保健に係る取り組み」、『臨床心理学』二一―三、三〇四―三〇九頁
角田秋・木戸芳文・萱間真美（二〇一七）「治療継続が難しい人を対象とした精神障害者アウトリーチ推進事業――機能が良くなったグループと、変わらない・悪くなったグループとでのケアの比較」（https://www.jans.or.jp/uploads/files/committee/tamate202003-01-2.pdf［二〇二二年九月三日閲覧］）
World Health Organization（2010）Framework for Action on Interprofessional Education & Collaborative Practice.（https://www.who.int/publications/i/item/framework-for-action-on-interprofessional-education-collaborative-practice［二〇二二年八月一一日閲覧］）
World Health Professions Alliance（n.d.）Interprofessional Collaborative Practice.（https://www.whpa.org/activities/interprofessional-collaborative-practice［二〇二二年八月一一日閲覧］）

コラム❶

ニード／ニーズ（need/needs）

本書では頻繁に「ニーズ」という語が登場する。「必要性」といった意味であり、医療や福祉において重要な概念であるが、実は共通した厳密な定義はない。共通の認識として、飢えや渇きのような生まれつき備わっている生理的ニードと、学習によって生得的に獲得される社会的・心理的なニードがある。

心理学では、マズロー（Abraham Harold Maslow）の基本的ニードの五段階説（Maslow, 1943）が有名である。マズローは、人間を「変化するニードを満たすように絶えず動機づけられ、統合された有機体である」とし、①生理的ニード（生命を維持するために必要なもの＝呼吸、循環、栄養、排泄、睡眠）、②安全のニード（生命の危険を避けたい、安定や安心を得たい、依存したり保護されたいなど）、③所属と愛情のニード（愛したり愛されたりしたい、集団や家族のなかに位置して安定を得たい、孤独や孤立の苦しみを避けたい）、④自己尊重のニード（認められたい、自分を大切にしたい）、⑤自己実現のニード（自己を充実させること、生きる意味を見出すこと）があるとした。

精神看護学の理論家であるヘンダーソン（Virginia Avenel Henderson）は、マズローの全人的ニード論を基盤に、援助を必要としている人の一四のニードを次のようにあげている（茶園、二〇〇六）――

①呼吸、②飲食、③排泄、④運動・姿勢、⑤睡眠・休息、⑥衣服、⑦体温、⑧清潔・身だしなみ・身体の保護、⑨環境上の安全、⑩コミュニケーション、⑪信仰、⑫仕事に対する達成感、⑬レクリエーション、⑭学習・成長。

⦿文献
茶園美香（二〇〇六）「看護における「ニード論」「ストレスコーピング理論」」、『日本集中治療医学会雑誌』一三、四三一－四三五頁
Maslow, A.H. (1943) A theory of human motivation. Psychological Review 50 ; 370-396.

―コラム❷―

経験専門家

「経験専門家」は英語の "Expert by Experience"（経験による専門家）からの訳語である。北欧では、日本で「当事者」という呼び名が使われるのと似た場面でこの呼び名が使われている（ただ、「当事者」よりもその個人の経験に対する比重を感じさせる）。

筆者自身は二〇一七年にフィンランドのケロプダス病院を再訪したときに初めて経験専門家として活動されている方々のお話を聴く機会を得た（下平、二〇一九）。フィンランド各地では、精神保健医療の領域だけではなく、慢性の身体疾患や障害をもつ人をはじめ、障害を抱える人をケアしている家族など、さまざまな「経験専門家」の集まりや養成講座が開かれている。経験専門家活動はピアサポート活動（コラム❻参照）も含むが、それは活動の一部だ。主たる役割は、自分自身の経験を社会貢献のために語ること、社会や行政、あるいは専門家に向けて経験に裏打ちされた意見や考えを発信することである。北欧では、サービス評価研究に経験専門家が評価者として参加することや、医療や社会福祉の専門教育課程で学生たちが経験専門家の話を聴けるようにすることなどが、国や行政の政策として推進されている（Videmsek, 2017）。

所沢市では、精神障害をもつ人々のピアサポート活動の活性化に貢献するために、二〇二〇年四月より二〇二二年三月までオンラインミーティング「経験専門家 語り聴く会in Tokorozawa」を開催し、二〇二一年七月からは「ところざわ経験専門家養成講座」、二〇二二年五月からは講座修了者のための「経験専門家の集い（After TEBET）」を定期開催している。

◉文献

下平美智代（二〇一九）「ピアスタッフの現状――フィンランドの「経験専門家」というピアサポートのあり方」、大島巌＝編『ピアスタッフとして働くヒント――精神障がいのある人が輝いて働くことを応援する本』、星和書店、六四－六八頁

Videmsek, P. (2017) Expert by experience research as grounding for social work education. Social Work Education 36-2; 1-16.

第2章
事例に学ぶ多職種連携①
病院から地域へ

1　個人を取り巻く状況に目を向ける

第2章と第3章では、事例の複数の場面を通して協働的な多職種連携の実際を学んでみましょう。精神疾患の経過はさまざまです。同じ「統合失調症」と診断された人でも、薬物治療が奏功して比較的回復が早い人もいれば、幻覚や妄想といった症状がなかなか軽快しない人もいます。いったん回復しても何かのきっかけで病状が悪化したり、入退院を繰り返したり、さまざまな理由で長期入院となるケースも実は少なくありません。長期入院のなかで患者本人が退院への意思や自信を失ってしまうこともあります。あるいは、退院先が見つからないなどの理由で退院困難となるケースもあります。

ここで、「ケース」という用語の使い方について改めて見直したいと思います。"Case"とは「事例」とか「症例」といった意味ですが、人生をめぐる問題、実情、状態、境遇をも指します。私たちがケアを提供するのは患者（利用者）個人です。それは間違いないのですが、真のニーズ理解のためには患者（利用者）本人だけではなく、家族や環境など本人を取り巻くさまざまな状況も含めてケース全体をアセスメントする必要があります。

2 会う・聴く・共に動く

筆者自身の経験からは、すべての専門職者がケアマネジメント（ケースマネジメント）の視点をもち、ケース固有の状況をアセスメントし、ニーズに合わせた支援展開がなされるために協働することができれば、そのケースの状況はほぼ確実に改善する、つまりニーズが満たされる方向に進んでいきます。あるいは患者（利用者）本人とチームが共有する目標に向かって状況は変化していくでしょう。第1章で取り上げたWHPA（世界保健専門職連盟）の提唱する多職種連携のあり方や、直接サービス型のケアマネジメントのあり方、効果的な多職種連携を行っているオープンダイアローグのあり方を踏まえると、協働的支援の基本は「会う」「聴く」「共に動く」です。どういうことでしょうか？

①会う――会う相手は、患者（利用者）はもちろんのこと、家族や関係者も含まれます。支援のどの段階においても、会って話を聴いたり、何気ない会話をしたり、状況を確認したりすることには意義があります。会話そのものに会話をす

る者同士の親密さや信頼感を増す力があります。また「百聞は一見に如かず」ということわざがあるように、たとえば紹介元からの情報を読むだけでは見えなかったことが、会うことによって見えてきます。実際に会うことでニーズアセスメントが可能となるわけです。

②聴く――援助者側の聴く姿勢によって、患者（利用者）が自分自身の体験したこと、考えや感じていることを安心できる場で語れることは、患者（利用者）の回復を助け、主体性やレジリエンスを高めることにつながるでしょう。これは家族支援においても同様です。また、患者（利用者）や家族、関係者の話を聴くことで真のニーズが浮き彫りになります。それを踏まえて患者（利用者）本人が目標を言語化することを支持します。その言語化された目標が、チームの向かう目標となります。さらに、先ほど「会う」で言及したように、支援のどの段階でも本人や関係者と会って話すことで、ケースの状況について新たな気づきがもたらされ、支援評価や新たなニーズアセスメントにつながるでしょう。

③共に動く――患者（利用者）や家族、関係者とまずはチームを組み協働することを意識しましょう。何か新しい行動を起こすのは患者（利用者）や家族にとってハードルが高いと感じられることが少なくありません。支援スタッフが一緒に動くことでそのハードルは下がるでしょう。自分がタイムリーに動けないとき

は他のメンバーにその役割を引き受けてもらえないか相談します。また、利用者や家族のニーズに合わせて新たな専門職者をチームに招くこともあるでしょう。自分が主担当だからと一人で抱え込まないことが大事です。これは意識してチームの他のスタッフや関係者に報告・連絡・相談をすることで回避できます。自分より利用者のニーズに合った専門的なケアを提供できる適任者がいれば支援を依頼したり、時に主担当を移譲することも検討します。

3　事例の読み方

本章では精神科病院の多職種連携についての事例を取り上げます。複数の場面があって、三人称の事例説明、一人称の語り、登場人物たちの会話の組み合わせで構成されています。事例をたどることで、それぞれの登場人物の主観と行動の両方を見ていくことになります。患者（利用者）主体の多職種連携に特定のパターンはありません。むしろ、そのニーズに合わせて、スタッフの動きは柔軟に変化し、協働の動きも変わっていきます。学習方法としては、最初はざっと読み進めて、後で事例のスタッフの「支援サマリー」を参照しつつ、スタッフ個々の患者や家族との関わりや他のスタッフとの関わりと、それがもたらした結果に着目してみましょう。そして、自分だったらどうするか、登場人物相関図を見ながらぜひ想像したり考えてみたりしてください。

なお、事例は筆者の経験に基づく架空の事例です。登場する団体や個人の名称は実在のものとは一切関係がないことをお断りいたします。

【事例❶】精神科病院の多職種連携

人口三五万人弱の地方都市Z市にある桜公園病院は、創立から五〇年の歴史をもつ私立の精神科病院である。この病院は長らく親族で経営されていたが、一〇年前に経営者が変わり、外部から新院長が赴任してきた。新院長は、理事会の後押しを受け、桜公園病院を措置入院も受けられるような、地域で急性期治療を担う病院に刷新しようと改革を進めてきた。この一〇年の間に四つあった療養病棟は一病棟を残すのみとなった。

精神科医の市川さんはこの春、他県の大学病院を退職して郷里のZ市に戻り、桜公園病院に就職した。院長からは、「市川先生はチーム支援に慣れているから、まずは療養病棟の長期入院者の退院を推し進める退院支援チームに入ってください」と言われた。

【場面1】退院支援委員会（精神科医・市川さんの語り）——二〇一三年四月一日（月）

「佐々木さんのご家族は一度も退院支援委員会に出席されたことがないです」と担当看護師

の及川さんは言った。着任初日の午後に、病棟師長の大石さんから「佐々木さんは市川先生が担当される患者さんですから、着任早々申し訳ありませんがぜひ出席してください」と声をかけられ、退院支援委員会というものにそのとき初めて出席した。大石師長とともに院内で一番広いカンファレンスルームに向かう。これまで担当していた沢田医師も出席していたが、挨拶を交わした後は表情なく黙って座っていた。師長の大石さんも一週間前に急性期病棟から異動してきたばかりということで、患者の状況をあまり把握していないようだった。その場は主に相談員（精神保健福祉士）の鈴木さんが司会進行を担当し、及川さんがこれまでの経緯を説明してから近況を報告してくれた。その話から私が理解したのは次のことだった。

患者の佐々木光江さんは三二歳。入院して二年になろうとしている。診断は統合失調症。入院前に過量服薬による自殺企図をしている。父親が発見して救急車を呼び、光江さんは大学病院の救命救急センターに運ばれ一命をとりとめた。すぐに回復したものの退院については父親が拒み当院に転入してきた。入院歴は一九歳の発症時に一度だけあるが、その後は安定していたのか、自殺企図の前までは自宅からほど近いクリニックに通院していた。

父親は鈴木相談員が電話をしてもすぐに応答することはなかった。おそらく仕事中は電話に出られないのだろう。ただ、後で折り返しがあり、必要な物品などは届けてくれるという（母親はすでに他界していた）。退院について、父親ははっきり返事をしていない。光江

事例❶　退院に向けた支援（イラスト：真嶋信二）

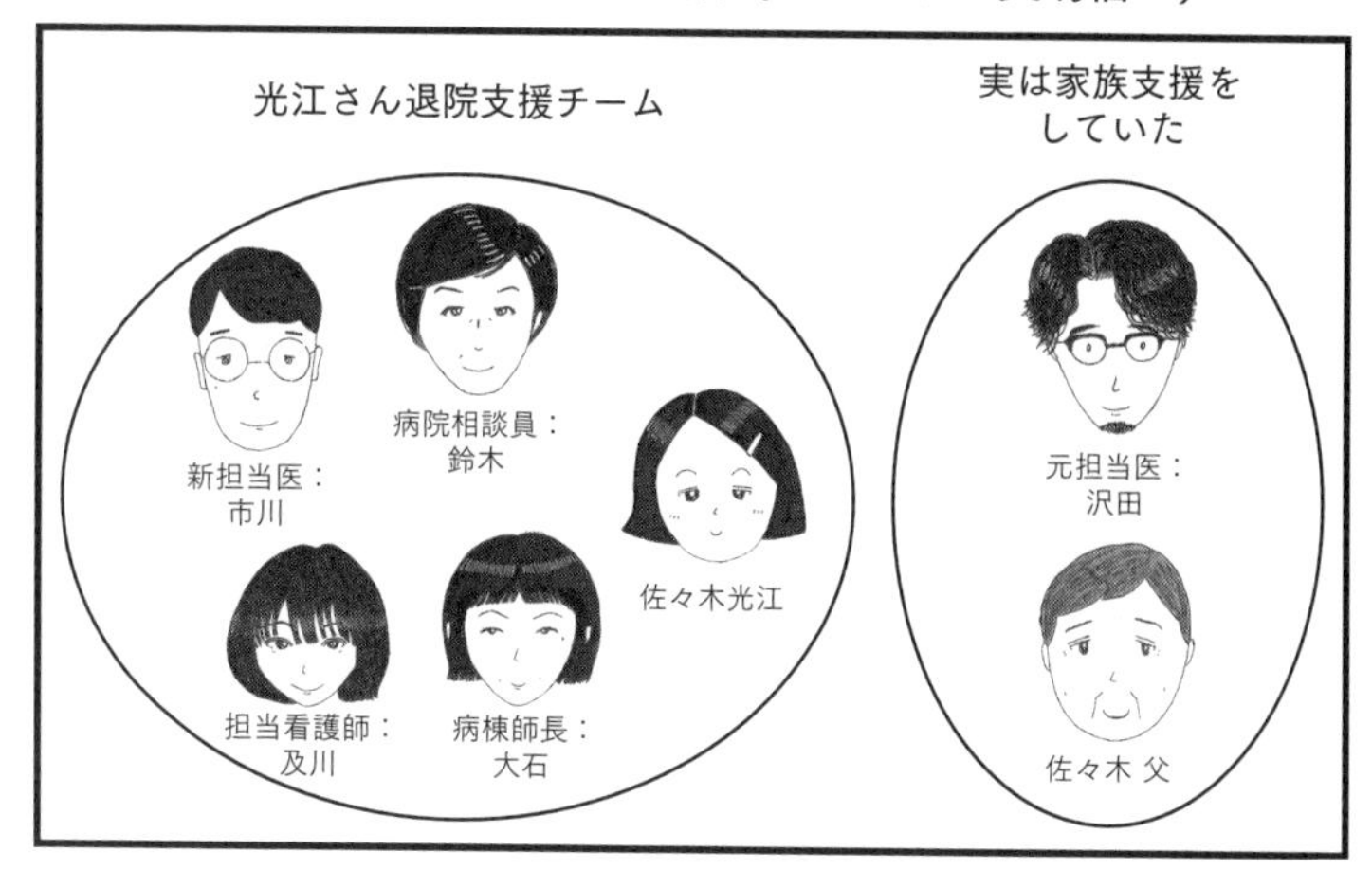

事例❶　退院後の支援体制（イラスト：真嶋信二）

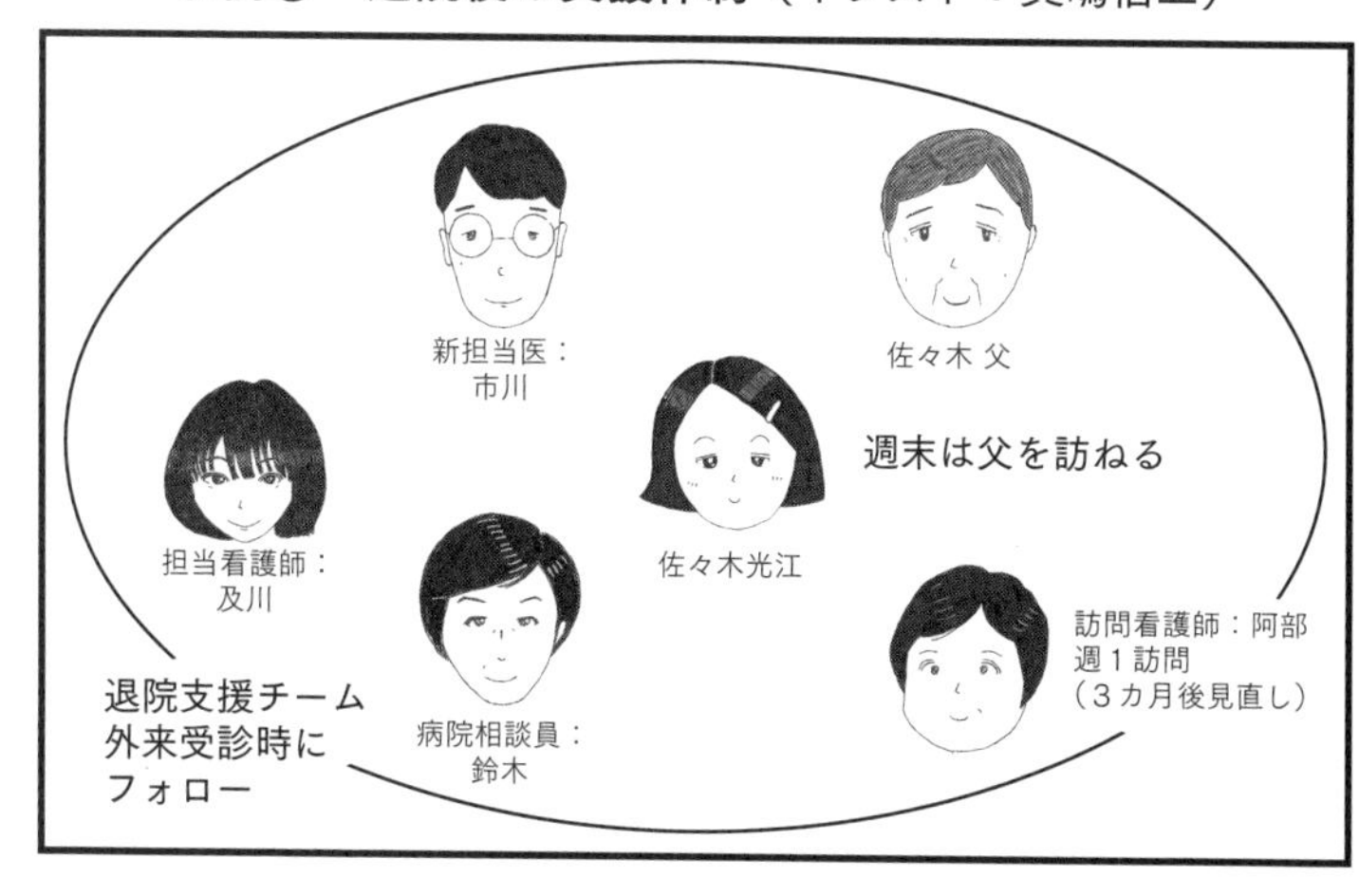

さん本人は退院については希望がなく、「ここにいるほうがいい」と答えているという。明らかな幻覚や妄想を思わせる言動や行動はないが、「表出がないだけで、もしかしたら持続した症状があるのかもしれません」と及川看護師は言って沢田医師を見た。沢田医師は変わらず無表情のまま黙っていた。大石師長は「病状が安定しているのであれば、このまま長期入院を続けさせるのは病院の姿勢として問題だと思います。沢田先生、病状の見立てはどうなんですか?」と厳しい口調で言った。沢田医師は大石師長のほうを見ることなく、「病状は安定しています。いつ退院してもいいです。ご本人が望めば」と言った。大石師長は沢田医師を一瞥した後、他のスタッフを見まわして「わかりました。じゃあ、ご本人をお呼びして聞いてみましょう」と言った。

数分後、及川看護師が佐々木光江さんを伴ってカンファレンスルームに戻ってきた。私は立ち上がって、「佐々木さん、はじめまして。これから担当になる市川です」と自己紹介した。佐々木さんは少し驚いたような表情で私を見てから、頭を軽く下げて挨拶を返してくれた。鈴木相談員が「今日はご出席ありがとうございます」と佐々木さんに声をかけてから、「では、退院支援委員会を行います」と言った。そして、「佐々木さんは入院してもうすぐ二年になります。退院について、まずは佐々木さん自身の希望や考えをお聞かせくださいますか?」と佐々木さんに訊ねた。佐々木さんは下を向いてしばらく黙っていたが、やがて口を開き、「退院しないとダメですか?」と言った。誰もすぐに返答しなかったが、大石師長が、「ダメというか、病状がよくなったら退院するのが通常なんですよ」と説明する。しばらくの沈黙の後、佐々木さんは「よくなっていません」と小さな声で言った。私が「佐々木さんご自身は、病気がよくなっていないと思うのですね」と訊くと佐々木さんはうなずいた。ほかにも退院したくない理由があるか訊ねてみると、「家には戻りたくない」と言った。その後は黙り込んで、誰が何を訊いても声に出さなかった。そこで、私は「今日はこれで終わりましょう。明日、またよかったらお話ししませんか?」と提案した。佐々木さんは何か問いたげに私を見た。「人がたくさんだと話しにくいかもしれませんね。私と及川さんと三人で話すのはどうですか?」と言ってみた。佐々木さんは私と及川さんを交互に見てうなずいた。他のスタッフからも了解を得て、その日の退院支援委員会は終了した。

[場面2]佐々木光江さんとの会話(精神科医・市川さんの語り)——二〇一三年四月二日(火)

翌日、及川看護師とともに佐々木さんと先日とは違うカンファレンスルームで面接をした。このカンファレンスルームは比較的小さな部屋で、中央に楕円形のテーブルがあった。椅子を三脚出して佐々木さんにどこに座るか選んでもらった。及川看護師は「隣に座ってもいいですか?」と佐々木さんに訊ねて隣に座った。二人が私と向き合うような配置になる。佐々木さんと及川看護師とはすでに信頼関係があるように見えた。私はまだ佐々木さんにとって緊張する相手だと感じた。隣に及川さんがいることで少しは安心してもらえるだろうか。佐々木さんの様子を見ながら会話を始めた。

市川　佐々木さん、今日も時間を取ってくださりありがとうございます。及川さんもご同席くださりありがとうございます。

佐々木　（黙ってうなずく）

及川　こちらこそありがとうございます。

市川　昨日もお伝えしたように、私が佐々木さんの担当医になったわけですが、まだ佐々木さんの病状のことをわかっていませんので、これからいろいろと教えてほしいのです。

佐々木　（うなずく）

市川　昨日、佐々木さんは「よくなっていません」とおっしゃっていましたね。今、病気で困っていることや、つらいことはどんなことでしょうか？

佐々木　（考えているような表情——しばらく沈黙）頭がへんです。脳に何か薄い紙が一枚挟まっているような感じです。

市川　「脳に薄い紙が一枚挟まっているような感じ」ですか。

佐々木　はい。

市川　それはいつからですか？

佐々木　（考えているような表情）いつからでしょう……もうずっとです。

市川　二年前にこちらに転院してきた頃はどうですか？

佐々木　ここに来た頃のことをよく覚えてなくて……でも今とは違っていたように思います。

及川　あの、私が記憶していることを話してもいいでしょうか？

市川　もちろんです。お願いします。佐々木さんもいいでしょうか？

佐々木　はい。お願いします。

及川　あの頃の佐々木さんは今よりはよくお話しされていましたが、お話しされている内容は看護師には理解できないことが多かったように思います。夜中に泣いていることもありました。覚えていらっしゃらないのですね。

佐々木　何かとても苦しかった感覚は覚えています。自分が何を言ったかは覚えていませんが、つらくて苦しくてもう終わりにしたかった。そういう感覚はありました。

市川　そうだったんですね。何がつらかったのか、苦しかったのか、それは覚えていらっしゃいますか？

佐々木　（黙って下を向く）

市川　今、無理にお話しする必要はありませんよ。及川さんから見て、いつ頃から佐々木さんは今のような感じになられたのだと思われますか？　佐々木さん、このことを及川さんに伺っても大丈夫ですか？

佐々木　はい。お願いします。

及川　沢田先生がお薬の調整をされて、二カ月くらいたった頃から落ち着いてこられたように見えました。ただ、佐々木さんは病棟のレクリエーションにも作業療法にも出られずお部屋に引きこもって過ごされるようになりました。今もほとんどそうですよね。

佐々木　（うなずく）

市川　なるほど。佐々木さん、昨日おっしゃっていたことで、もうひとつ確認させていただければと思います。「家には戻りたくない」とおっしゃっていましたね。それはどうしてなのか、今伺ってもいいでしょうか？

佐々木　お父さんに悪くて……もう迷惑かけたくないんです。

市川　お父様とは退院について話されたことはありますか？

佐々木　ありません。

市川　退院はご実家でなくてもいいと思いますよ。アパートを借りるとか。

佐々木　（驚いた表情）私、お金も仕事もないですよ！

市川　障害者年金の申請とか、収入がなく貯金も財産もない場合は生活保護の申請をするとか、手はあると思いますよ。

及川　先生よくご存知ですね。

市川　大学病院にいた頃はしょっちゅう年金の診断書を書いていましたし、生活保護の病状調査もありましたから。

佐々木　やはり退院しないとダメですか？

市川　すぐでないにしても、いずれはしないとダメだと思いますよ。病院は住む場所ではないですから。でも、一緒に考えて準備をお手伝いしますよ。佐々木さんは退院に不安があるのですね？

佐々木　不安？　どうでしょう……面倒なのかな？　病院でラクしているから。あと、一人暮らしをしたことがないんです。私にはそんなことできないって思っていました。

及川　グループホームもありますよ。あるいは宿泊型生活訓練施設というのもあるって聞いたことがあります。相談員の鈴木さんが詳しいから一緒に話を聴いてみましょうか？

佐々木　そうですね。想像もつかないですけれど、お話聞いてみたいです。

及川　じゃあ、そうしましょう。それからお父様ともお話をしたほうがいいですよね。

市川　そうですよね。私から連絡を取ってもよければ電話してみます。

及川　先生のことをご存知ないからいきなりだと驚かれると思いますよ。鈴木さんから連絡してもらうのがよいと思います。佐々木さん、お父様にご連絡していいでしょうか？

佐々木　（少し間）お願いします。あの……よかったら、先生にお父さんの話を聴いてもらえないでしょうか？　お父さん、きっとつらい思いをしていると思います。

市川　どういうことですか？

佐々木　お母さんも私と同じ病気だったんですけれど自殺して、ものすごくショックを受けていたのに、私まで自殺未遂をしてしまった……お父さんに悪くて、申し訳なくて……（両手で顔を覆って泣く）

市川　そうだったのですね。お父様も佐々木さんご自身もつらい思いをされましたね。お父様のお気持ちに配慮しながらお話を伺うようにしますね。我々スタッフだけでお父様と話すほうがいいですか？　佐々木さんも一緒にお話をするのはいかがですか？

佐々木　（しばらく考えている様子）先に先生に会ってもらうほうがいいように思います。私には話しにくいことを先生には話すかもしれません。その後で、お父さんがいいと言ってくれたら、一緒に話をしてみたいです。

市川　わかりました、そうしましょう。今日はつらいことも含めてお話を聴かせてくださりありがとうございました。「脳に薄い紙が一枚挟まっているような感じ」という症状についても、これから一緒に対応を検討していきましょう。

佐々木　（うなずいて）ありがとうございます。よろしくお願いします。

市川　相談室の鈴木さんには私から今日の報告をしてグループホームなどのことを話してもらえないか訊いてみます。次の面談の日時を決めておきましょう。そのときまでに、それぞれに進められることは進めていきましょうか。

佐々木　（黙ってうなずく）

及川　ありがとうございます。賛成です。鈴木さんへのご報告よろしくお願いします。

【場面3】佐々木光江さんの父親との面接（精神保健福祉士・鈴木さんの語り）

――二〇一三年四月一六日（火）

この春、私（鈴木）は希望通り療養病棟の担当となった。大石師長が急性期病棟から療養病棟に異動となり、市川医師が着任した。入職四年目の及川看護師も入れて、私たち四人はこの病棟で一年以上の長期入院となっている患者さんの状況調査を行い、再アセスメントをし、具体的な退院支援を行う退院支援チームに任命された。これは私の発案で、病院の運営委員会で正式に承認された。異動後すぐに及川看護師から「佐々木光江さんの退院支援を進めていきたいけれど、本人は退院したくないと言っている」と相談があった。これまで退院支援委員会は形だけのものだったが、先日は市川医師が機転を利かせて佐々木さんが話しやすい場を設けてくれた。あれから退院を難しくしている背景が少し見えてきたように思う。昨日、市川医師とともに佐々木光江さんの父親と面接した。来院されたのは半年ぶりだった。

鈴木　佐々木さん、今日はお忙しいところ病院までお越しくださりありがとうございます。

佐々木（父）（頭を下げながら）こちらこそありがとうございます。いつもお世話になります。

鈴木　こちら光江さんの新しい担当医の市川です。
市川　市川です。今日はお時間を取ってくださりありがとうございます。
佐々木（父）（頭を下げ）こちらこそありがとうございます。
市川　今日は光江さんの退院について、お父様のお考えやご希望、あるいは不安なことなど、ざっくばらんに伺えればと思うのですが、まずは何かお父様のほうから私たちにお訊きになりたいことがありますか？
佐々木（父）　光江の病状はよくなっているのでしょうか？
市川　私の目からは安定しているように見えますが、ご本人は「よくなっていません」とおっしゃっています。ただ、少なくとも入院していなければならない状態ではありません。今後、アパートかグループホームへの退院を視野に入れて、光江さんと担当チームで話し合いをしています。
佐々木（父）（驚いたような表情）
鈴木　私のほうでいくつかのグループホームのパンフレットをお見せしました。でも、光江さんはアパートに一人暮らしすることのほうに今は気持ちが傾いているようです。
佐々木（父）　そうなんですか？　どうしてそういう話になったのでしょうか？
市川　二週間ほど前に退院についての意向を伺ったのです。「家には戻りたくない」「お父さんに悪い」「もう迷惑をかけたくない」とおっしゃっていました。それから「お父さんがつらい思いをしていると思うので話を聴いてもらえませんか」と。光江さんのご了解をいただいたのでそのままお伝えするのですが……

佐々木（父）　そうですか、光江がそんなことを……ほかに何か言っていましたか？

市川　光江さんのお母様は光江さんと同じ病気で、自死されたと聞きました。自分も自殺未遂をしてしまった。お父様に申し訳ないと、泣きながら話されていました。

（少し間）なんと申し上げたらいいか……きっと我々の想像の及ぶ以上にこれまでさまざまなご苦労があったことと思います。

佐々木（父）（下を向き両手で顔を覆う／やがて嗚咽し泣く）

市川・鈴木（言葉が見つからず沈黙）

佐々木（父）　申し訳ありません。実はこの一年、私自身、トラウマ治療を受けておりまして感情が動くようになりました。しかし、そのおかげかここ数カ月はむしろ冷静に、今後の娘との生活について考えられるようになってきました。

市川　そうだったのですね。トラウマ治療というのはどのような？

佐々木（父）　ＥＭＤＲです。

市川　ＥＭＤＲですか。恥ずかしながら、名前を聞いたことがある程度の認識しかなくて。鈴木さんはご存知ですか？

鈴木　いいえ、まったく。

佐々木（父）　なるほど、沢田先生のおっしゃっていた通り、病院の先生方にあまり知られていないのですね。

鈴木　沢田先生？　前の主治医の沢田先生ですか？

佐々木（父）　はい。沢田先生が教えてくださったのです。光江がこちらに転院してすぐです。時間をかけて話を聴いてくださり、「お父さん自身がトラウマ治療を受けたほうがいい。よかったら信頼できるセラピストを紹介します」「光江さんは私が治療するから大丈夫です。お父さんの準備が整うまでは病院で引き受けますから、時間をかけてご自身のケアをしてください」と言ってくださいました。ＥＭＤＲは眼球を動かすことでトラウマ記憶を処理していく方法です。ただ、当初はなかなか治療を受ける気持ちになれず時間がかかりました。

市川　そうでしたか。教えてくださり、ありがとうございます。そうすると、お父様ご自身、今は少し落ち着かれてきたところなのですね。

佐々木（父）　睡眠導入剤なしで眠れるようになりましたし、前向きに自分自身の生活を見直せるようになりました。それで、実は先月、自宅を売却して完全に引っ越しました。それまでも、あの家には居られず職場近くにアパートを借りていました。今回はマンションを新たに購入して光江の部屋も用意しています。ただ、光江が一人暮らしのほうがよければ、それもいいかもしれません。これまではそんな選択肢があるとは思ってもみませんでした。

鈴木　そうだったのですね。お父様ご自身が大変な思いをされていたのですね。もっと早くご事情を伺うべきでした。申し訳ありません。

佐々木（父）　いえいえ、何をおっしゃいますか。この病院の職員の皆さんはとても思いやりがあり、それをよいことに、これまでは病院にまかせっきりになっていました……いえ、病院を避けていたのかもしれません。もし退院して娘が家に戻って来たらまた自殺企図をするんじゃないかと恐れていたからです。私自身が冷静になり、引っ越しもして、ようやく娘の退院について前向きに考えられるようになりました。

市川　そうでしたか。大変な経験をされたのに、今そんな風におっしゃることができる佐々木さんはすごいと思います。お父様さえよろしければ光江さんも一緒に話をしたいと希望されています。これからご本人をお呼びしましょう。それから、沢田医師にも声をかけてみます。外来診療の日ではないのでいらしてくださると思います。

佐々木（父）　ありがとうございます。実は昨日沢田先生にお電話させていただき、この後、お会いする約束をしていました。でも、ご一緒に話せるならそのほうがいいかもしれません。

市川　そうだったのですね。今、病棟と沢田医師と両方に電話してみます（すばやく席を立つ）。

鈴木　お待ちになっている間、光江さんの経済状況についてお話を伺っていいですか？

佐々木（父）（うなずく）

父親の話から、光江さんには父がこれまで娘のために蓄えた、かなりの額の本人名義の預貯金があるとわかり、一人暮らしをするとしても生活保護の対象にはならないことが明らかとなった。年金はこれまで途切れることなく納めていたという。障害者年金を申請するかどうかは光江さんのご希望を訊いていくということで父は合意した。

光江さんと沢田医師の加わったケア会議は、最初は何かそれぞれの緊張が伝わってくるような気まずさがあったが、人の好い市川医師の言葉がけがそれを和らげた。父と娘はお互いに思いやりのある言葉をかけあっていた。そして、父親は何度も沢田医師にお礼を言った。新しい住居に退院するか、それとも一人暮らしをするか、光江さんは、父親が仕事の休みの日に新しい家に外出をしてからご自身で考えてみたいとおっしゃった。父親も医師たちも私も光江さんの考えに賛成し、次の日曜日が外出日と決まった。

［場面4］ケア会議の後（精神保健福祉士・鈴木さんの語り）――二〇一三年四月一六日（火）

私（鈴木）は、沢田医師に「佐々木光江さんが入院してからずっと沢田先生はお父様のフォローもされていたのですか？　お一人で？」と訊ねてみた。沢田医師は、「フォローしていたというほどのことは何もしていません。佐々木さんの入院当初は気になったので頻繁にお会いしましたが。当時は、鈴木さんが佐々木さんの担当相談員ではなかったですし、誰かにフォローをお願いできるとも思っていなかったので、お父さんには知り合いのセラピストを紹介しました。すみません、申し送りをしていなくて」と言った。私は「いえ、こちらこそもっと早くに先生にこれまでのことを直接お聞きするべきでした」と伝えた。市川医師が、「佐々木さんのお父さんが立ち直れたのは、沢田先生がお父さんの立場に立って親身にケアされたからだと思います。先生が光江さんの退院に積極的でなかったのは、お父さんのことを思ってのことだったのですね」と言うと、沢田医師はうなずき、「そうなのですが、私がカルテに記録をしているだけで誰にも相談したり申し送りをしたりしていなかったので、伝わっていなくて当然ですよね」と言った。そして、「最初はどうして担当を外されたのかと内心怒りを感じていました。でも、退院支援チームの動きを見ていて、自分が誰にも何も言ってないから、非協力的な医者だと思われていたのだとようやく気づきましたよ」と言って笑った。私は心底驚いた。こんな風に話す沢田医師を初めて見た。

市川医師は「先生はトラウマ治療に詳しいのですね。これまでの佐々木さんの治療も含め、この後もう少しお時間があったら話を聴かせてください」と言った。沢田医師はうなずき、「いいですよ」と応じた。

【場面5】佐々木光江さんに会いに病院へ行く（訪問看護師・阿部さんの語り）

——二〇一三年六月一〇日（月）

桜公園病院相談員の鈴木さんから、佐々木光江さんとの面接の依頼が来たのは五月の終わり頃だった。佐々木さんは退院後、病院からさほど遠くない隣町のワンルームマンションに暮らすことになっていた。佐々木さんは精神科デイケアの利用も市が運営する地域活動支援センターの利用も気が進まないという。病院の退院支援チームは、体調面、心理面、生活面の相談ができるようにと訪問看護を勧めているが、それも乗り気ではなさそうだ。そして鈴木さんは、「阿部さんの人となりがわかると、安心して訪問看護を受けてみようと思われるかも」と言った。二年間の入院を経て初めての一人暮らしということで、父親と病院の退院支援チームは訪問看護を入れたいというが、本人にその希望がない場合は契約書の取り交わしはできないだろうし、そこは無理には進められないことをお伝えした。鈴木さんは、「わかっています。ただ、ご本人も相談できる人はほしいと言っています。無駄足を踏ませてしまうかもしれないけれど、佐々木さんの場合は私が百を説明するより、一回阿部さんと会ってもらうほうが安心できると思いますので、どうかお願いします」と懇願された。

私は二日後、佐々木さんに会いに病院を訪問した。

鈴木　佐々木さん、訪問看護ステーション楠（くすのき）の阿部さんです。阿部さん、こちらは佐々木光江さんです。

阿部　はじめまして、阿部です。よろしくお願いします。

佐々木　（頭を軽く下げ小声で）よろしくお願いします。

鈴木　私たち支援チームは退院後に訪問看護を受けてみてはどうかと佐々木さんに勧めています。今日は佐々木さんに訪問看護について具体的なイメージをもっていただこうと思ってこういう場をもうけました。阿部さん、よかったら訪問看護の説明をしていただけますか？

阿部　今日はこういう機会をいただきありがとうございます。そうですね……私から説明する前に、まず佐々木さんは訪問看護について何かご存知ですか？　あるいは何かイメージがありますか？

佐々木　（下を向いたまま小さな声で）お年寄りが受けるものというイメージがあります。

鈴木　え？

阿部　なるほど、お年寄りが受けるものというイメージなんですね。

佐々木　（阿部さんのほうを見て）私、まだ三二歳ですよ。自分のことは自分でできますし、介護なんて必要ないですけど。

鈴木　もちろん、介護は必要ないです。お勧めしているのは精神科訪問看護ですよ。

佐々木　精神科訪問看護って何をするんですか？

阿部　たしかに普通はご存知ないですよね。私たちは利用者さんのお宅に訪問して、お話を聴いたり、体調面の確認をしたり、生活上お困りになっていることをお手伝いしたり、一緒に気晴らしや体力づくりのために散歩をしたりもします。必要に応じて、内服薬をお薬カレンダーにセットするお手伝いをしたり、飲み忘れがないか確認したりもします。佐々木さんは、精神科のお薬は飲んでいらっしゃいますか？

佐々木　今は四週間に一回の注射だけで、内服はありません。

阿部　ではお薬の確認は必要ないですね。一人暮らしで心配なことや手伝ってほしいことなどはありませんか？

佐々木　まだ一人暮らしするのだという実感がわかないのです。入院が長かったですし。

阿部　退院前に外泊されたりしますか？

佐々木　先週初めて一泊してみました。明日から二泊三日して、木曜に戻り、来週退院の予定です。

阿部　よかったら、外泊中に一度訪問することもできますよ。一時間くらいは居られるので、もし何かお片づけとか必要なことがあればお手伝いしますよ。

佐々木　実は前回外泊したときに、実家から私の荷物を運んだのですが、まだ荷ほどきができていないのです。そんなことも手伝っていただけるのですか？

阿部　生活支援も役割のうちですから大丈夫ですよ。よかったら伺いましょうか？

鈴木　ちょうどいいですね！

佐々木　（うつむき加減になって）お手伝いしてもらいたい気もしますし、自分のペースで片づけたい気もしますし、そうですね……

阿部　訪問されることそのものが、あまり気が進まないような感じでしょうか？

佐々木　（首をかしげて考えている様子）訪問がいやということでもないのです。むしろ訪ねてくれる人が決まっていたら安心できる気もします。なんか複雑な気持ちでうまく表現できないのですが……

阿部　（うなずいて佐々木さんの次の言葉を待つ）

佐々木　病院では、子ども扱いされているように感じることが多くて、二年もいたからそれに慣れてしまったのだなと先週の外泊のときに気づきました。病棟のスタッフから見たら私は頼りなく感じられるのでしょうけれど、これでも大人なんですよ。自立したい、私は自分でちゃんと考えて行動できるって思えることも最近は多くなってきました。（笑顔になって）鈴木さんや及川さん、市川先生のサポートのおかげでそう思えるようになってきたのだなとも思っているのです。

鈴木　そうですか、そういうお気持ちだったのですね。

佐々木　看護師さんが家にいらっしゃることで、いつまでも自立できない自分でいるのはいやだなと思います。でも、私には母もきょうだいもいないですし、今は友達付き合いをしている人もいないので、相談相手、話し相手がほしいという気持ちもあります。

阿部　佐々木さんが気づかれたことはとても大事なことですね。看護師は心身両面のケアに携わるから患者さんと距離が近くなり、ともすれば患者さんに対して保護的になりすぎて、患者さんに「子ども扱いされた」と感じさせてしまう言動を取ってしまいがちかもしれないと思いました。

鈴木　看護師だけじゃなく、他の職種にも言えることだと思います。私ももっと意識的にならなければと思いました。佐々木さんに失礼があったかもしれません。

佐々木　（笑顔で）鈴木さんや及川さんが親しく接してくださるのはうれしいのです。それに私の意思を尊重してくださっていると感じています。今も、真剣に聴いてくださいましたから。

鈴木　お気持ちを聴かせてくださりありがとうございます。私が佐々木さんに訪問看護をお勧めする理由をお話ししていいでしょうか？

佐々木　（うなずきながら）はい。

鈴木　病状はよくなっていますし、家事なども実家でされていたということで、さほどお困りにはならないだろうとは思うのですけれど、一人暮らしってなんでも自分でしなければならないから、慣れるまでは意外と大変だと思うのです。訪問看護師は生活上の相談にも体調や精神面の相談にも乗りますし、実質のお手伝いも可能な範囲でしてくれます。一人暮らしに慣れるまで来ていただくのはどうかなと思います。たとえば、三カ月に一度、一緒に振り返りをして、継続するかどうか決めてはどうでしょうか？

佐々木　そうですね。しばらくは外来に週一回通って市川先生とは話をするけれど、ほかは日曜にお父さんと会うくらいになりそうだから……（少し考えている様子で黙る）誰か決まった方とお話しすることは私にとっていいように思います。まずは三カ月、訪問看護を受けてみようかな。阿部さん、明日からの外泊中にほんとうに来ていただけるのですか？

阿部　はい、伺えますよ。初日がいいですか？　あるいは二日目がいいですか？

佐々木　初日の午後だとありがたいです。

阿部　わかりました。ちょうど調整ができますので、午後一時半でもいいですか？

佐々木　大丈夫です。どうぞよろしくお願いします。

鈴木　私も今回訪問しようと思っていたのですけれど、伺わないほうがいいですか？

佐々木　じゃあ、鈴木さんは二日目の午後にいらしてください。その頃はすっかりきれいに片づいていると思うので、きれいになった部屋を見てもらいたいです。

鈴木　なんか押しかける感じになっていませんか？　ほんとうにいいですか？

佐々木　（笑顔で）鈴木さんの訪問の前に終わらせるって目標があればはかどると思います。それに、鈴木さんと不動産めぐりをして決めた部屋ですから、どんなふうになったか見てほしいです。私がやれるってところも見てほしいです。

鈴木　（笑顔で）わかりました。楽しみです。

この後、私（阿部）は退席した。今回の佐々木さんとの会話から、退院支援チームが佐々木さんの意思を尊重した関わりをしてきたこと、佐々木さん自身、今は一人の大人として自立していこうとされていることがよくわかった。長期入院後の初めての一人暮らしということで、これからどんな展開になっていくかは始まってみないとわからないが、佐々木さんが必要とする限り、地域生活を支えるためのサポートができればと考えている。

その後、予定通り、佐々木さんは退院予定のワンルームマンションに二泊三日の試験外泊をした。佐々木さんと支援スタッフの動きは次の通りだった。

六月一一日（火）〜一三日（木）――外泊（初日午後に阿部訪問／一二日午後に鈴木相談員訪問）。

六月一四日（金）――退院前カンファレンス（佐々木さん、父親、市川医師、及川看

護師、大石師長、鈴木相談員、そして私（阿部）ともう一人の訪問看護スタッフが参加）

外泊後も佐々木さんの退院の意思は変わらず、むしろより前向きになっていた。訪問看護を三カ月間は受けてみるという希望も変わらなかった。その場で初回訪問看護日程、初回外来受診日、三カ月後の訪問看護見直しのためのケア会議日程を決めた。

六月一七日（月）——佐々木さんは自身で決めた日に予定通り退院。

【場面6】支援の振り返りのためのカンファレンス（精神保健福祉士・鈴木さんの語り）
——二〇一三年六月一九日（水）

佐々木光江さんが退院してすぐに退院支援チームはカンファレンスを開いた。これはチームリーダーである私（鈴木）が呼びかけ、担当医で今後も外来主治医となる市川医師、及川看護師、大石師長の四人で、支援の振り返りと退院後の患者のフォローについて相談することが目的だった。

【前半】退院支援の振り返り／退院後のフォロー

鈴木　今日はお集まりくださりありがとうございます。この場ではすでにお伝えしている通り、佐々木光江さんの退院支援についての振り返りと退院後のフォローについて相談させていただきたいと思います。まずは振り返りから——今回は退院支援に入ってから約三カ月で退院となりました。チームの動きとして良かったポイントと反省すべきポイントがあると思うのですが、それぞれのお考えを出していただき整理できればと思います。特に、反省点は今後の改善点につながるのではないかと思います。

大石　まず皆さんにねぎらいの言葉をかけたいです。四月の退院支援委員会のときのことを思い出すと、当時はもっと時間がかかると思っていました。佐々木さんご自身やお父様の状況からも、あの時点から三カ月で佐々木さんが退院できたのは驚きです。そして、皆さんの丁寧な支援があって無理のない退院が実現したと思います。私自身の反省点としては、沢田先生が退院のバリア（障壁）となっていると決めつけていたこと、それから沢田先生とはうまくコミュニケーションが取れないと決めつけていたことです。

鈴木　それは私の反省点でもあります。退院支援チームが支援に入る場合は、主治医も交代するというルールは院長が決めてくださって、退院支援チームがうまく機能するためには必要なことでしたし、今後もそうする必要があるとは思っています。ただ、元の主治医のお考えやこれまでの患者や家族への関わり方などはきちんと口頭で申し送りを受けるほうがいいですね。できればチーム全員で話を聴けるといいと思います。何が退院の障壁となっているのか、そこから見えてくることもあるだろうと思いました。

市川　佐々木さんは退院支援チームが入った最初の患者さんです。メンバー四人のうち三人は、ほぼ〝初めまして〟の状態だったので、四月の退院支援委員会の頃は佐々木さんとの関係づくりから始める段階だったと思います。私も沢田先生のことは気になりつつ、先生が私を避けているように感じ、退院支援チームに非協力的にも見えたので、佐々木さんのお父さんの話を聴くまでは絡みづらかったというのが正直なところです。でも、これからは患者さんとの関係づくりと並行しつつ元主治医とのコミュニケーションを意識して行うほうがいいと思います。

及川　退院支援チームに入る前は佐々木さんのプライマリではなかったので、佐々木さんのことで沢田先生と話し合うのは病棟カンファレンスのときくらいでした。お父さんの話が出たことはなかったように思います。でも、先生も誰にも申し送りしていなかったとおっしゃっていましたね。今感じるのは、沢田先生はナースをそんなに頼りにしていなかったのかもしれないということです。私自身も二年前に入職した頃は、ルーチンワークと通り一遍の看護計画で職務を全うしている気になっていました。ただ、学生の頃の精神看護実習を思い出しながら初心に返ると、患者さんのご家族などの背景も含めた全体的なアセスメントが重要だとつくづく感じます。退院支援チームに入ってからは、患者さんの退院後の生活を想像しながら援助していくことにやりがいを感じています。今回すごく良かったと思うのは、佐々木さんのお話をじっくり聴くことで、佐々木さん自身も退院後の様子を思い描けなかったのだとわかったこと、市川先生が退院は実家じゃなくてもいいと選択肢を広げて提案してくださったこと、鈴木さんがアパートやグループホーム見学のために佐々木さんと一緒に動いてくださったことです。それがあって、佐々木さんは退院後の生活について初めてイメージできるようになったと思います。

大石　ほんとうにそうですね。具体的に見たり動いたりするプロセスがあって、初めて佐々木さんは自分でどうしたいのか言えるようになったという印象があります。

及川　そうなんです。でも、佐々木さんはきっと一人で動くのは厳しかったと思います。鈴木さんが一緒に動いてくれるという安心感があったから動けたのだと思うのです。

市川　それは間違いなくそうだと思います。退院支援チームは病院の外にも患者さんと一緒に出る必要がありますね。その役割を鈴木さんが担ってくださった。退院前にアパートにも訪問されましたよね。鈴木さんだけではなく、我々も外に出て同じようなことができるといいのかもしれません。

鈴木　私はソーシャルワーカーなので、必要に合わせて病院外にも出るのは当然だと思っていますし、そういう許可も得やすいのですが、ただ、他の職種が出るとなると、病院の運営委員会に諮（はか）る必要があると思います。市川先生は許可が下りない可能性が高いです……当院で訪問診療を始めたら話は別なんですけれど。師長は病院内での役割が多重にあって時間的に厳しいと思います。でも及川さんはもしかしたら可能かもしれません。だから、私と及川さんが二人で動けると退院支援はもっとスムーズになるように思います。

及川　私も鈴木さんのように患者さんと一緒に動けるといいなと思います。アパート探しやグループホーム見学をして、退院先が決まったら、その周辺に何があるか一緒に歩いて確認したり、病院への通院ルートを確認したり、そういう必要な動きを患者さんと一緒にするって退院支援では必須だとわかりました。

鈴木　そうですね。この件については、今後具体案を出していきましょう。

［後半］退院支援をまとめる

鈴木　では、話を佐々木光江さんの退院支援の振り返りに戻します。これまでの話から、良かった点は、①ご本人の話を、時間を取って聴いたこと、②選択肢を広げて提案したこと、③具体的な動きを一緒に行ったことですね。あと、お父様にもお会いして話を伺ったことも必要なことでしたね。光江さんが心配されていたお父様の状況を知り、お父様ご自身の状況が改善されていたこともわかり、光江さんの心配も解消されました。退院して新しい家に住むという選択肢も加わり、外出などを通して、光江さんご自身がアパートを借りて単身生活をすることを決心されました。

大石　この一連の退院支援の過程で、佐々木さんは自己決定できるようになりましたね。主体性を取り戻されたという印象です。元々そういう力はあったのでしょうけれど、入院生活のなかで眠っていたのかもしれませんね。チームが佐々木さんに選択肢を示しつつ、佐々木さん自身はどうしたいのか必ずご本人に考えてもらうようにしたことが、佐々木さんの力を呼び起こしたのだと思います。

鈴木　そうですね。では、良かったこととして、④お父様に会って話を伺ったこと、⑤佐々木さん自身の自己決定を支援したことですね。ほかにはいかがでしょうか？

市川　あと、チームワークが良かったということは大きかったと思います。患者さんとも他のチームメンバーともチームで協働できたという実感があります。

及川　チームのなかでは私が一番、経験が少なく未熟だと思うのですけれど、皆さんは私の話も真剣に聴いてくださり、いつも尊重してもらっている感覚がありました。佐々木さんも「真剣に話を聴いてくれて、尊重されていると感じた」とおっしゃっていました。チームワーク抜群だったと思います。

鈴木　（うなずきながら）では、⑥チームワークが良かった、を追記しましょう。反省点は、①元主治医とのコミュニケーションが最初は不足していた、②患者さんと病院外で一緒に動けたのが相談員だけだった、でいいでしょうか？　ほかにもありますか？

市川　もうひとつ重要なことがあります。医療スタッフが佐々木親子のトラウマへの配慮ができていなかったことです。生活歴や現病歴のなかで光江さんのお母様の自死のことが抜け落ちていました。当然、お父様もご本人も傷ついていたはずです。沢田先生だけがそのことを重要視されていました。そこを他のスタッフにも共有してくださったらもっと良かったのですが、他のスタッフも先生のカルテの記載を読んでいなかったということがありますね。

及川　ほんとうに、そこは反省点です。

鈴木　では、③母親の自死のことが生活歴や現病歴の記載から抜けておりトラウマへの配慮ができていなかった、ということを追記しましょう。

一同　（うなずく）

鈴木　佐々木さんの退院後の支援についても話しておきましょう。市川先生の外来診察があって、訪問看護が加わりますが、ご本人の意向によっては三カ月後には終わる可能性もあるので、私も一カ月に一度は病院でお会いして、ご様子を伺えればと思っています。そのときに、及川さんのご都合が合えば一緒に会ってもらうのはどうかと思っています。佐々木さんにとっても及川さんと会うのは楽しみになるでしょうし、ニーズアセスメントも複数名での面接のほうが多面的に佐々木さんを理解できるように思います。

及川　ぜひ、私もお会いしてその後の様子を伺いたいです。

大石　賛成です。退院支援チームの看護師は退院後のフォローもする必要があると思います。病棟内でコンセンサスを得られるようにしましょう。

市川　私も可能なときは、そのミーティングに参加させてください。

鈴木　市川先生に入ってもらうときは私たちが受診に同席する形にしてはどうでしょう？

市川　じゃあ、そういうときは外来枠の最後か別の時間を取るようにします。

鈴木　今日のカンファレンスの議題はすべて話せたと思いますので、最後に一言ずつ感想を言って終わりにしましょうか。

及川　今日はありがとうございました。佐々木さんは無事に退院されましたけれど、これはゴールじゃなくて新たなスタートなのだと思います。引き続き佐々木さんをフォローしていきたいと思いますし、他の長期入院の患者さんのことも丁寧に援助していこうと気持ちを新たにしました。引き続きどうぞよろしくお願いいたします。

市川　私も及川さんと同じく、これからだと思っています。すばらしいチームに入れて光栄に思います。これからもよろしくお願いします。

大石　私自身は、ほとんど実働はできていなくて、皆さんに直接支援をお任せしていますが、皆さんが仕事しやすいように病棟内外の調整をするのが役割だと思っています。現在、皆さんには並行して他の患者さんの退院支援にも入っていただいていますが、そちらも引き続きどうぞよろしくお願いいたします。

鈴木　皆さん、佐々木さんの退院支援お疲れさまでした。今後は引き続き在宅での生活をサポートできればと思います。今日の話を報告書にまとめますので、また後日チェックをお願いします。今日はありがとうございました。

4　事例❶の支援サマリー

後日、私（鈴木）は、退院支援の成果報告として、次のような支援サマリーを病院の運営委員会へ提出した。

患者氏名（年齢）	佐々木光江 様（三二歳）
診断名	統合失調症
退院支援チームにつながった理由	病状は安定しているのに長期入院となっている（二年）。
支援開始時の本人の希望	退院したくない。
退院したくない理由	（病気が）よくなっていない。家に戻りたくない（母が自死。自分も自殺未遂。父に申し訳ないという気持ちを表明）。
支援初期の患者のニーズ	• 実家には退院したくない。父を心配しているのと申し訳ないという思いがある（母の自死に関連するネガティブな思いもあったかもしれない。ただ本人の口からは語られなかった）。
	• 退院後の生活のイメージができない。
チームの提案	• 実家以外の場所への退院を提案／選択肢としてアパートやグループホームを見てみませんかと提案。 • 「お父さんと話しませんか？」と提案。

患者が表明した希望	・アパートやグループホームを考えたことはなかった。どういうところか知りたい。 ・主治医に父の話を聴いてもらいたい。その後、父がよいと言ってくれたら一緒に話をしたい。
チームの行動	・主治医から相談員に提案したことなどについて報告・相談し、相談員が本人にグループホームのパンフレットなどを見せて説明。グループホームの見学、アパートを一緒に見に行くなど患者とともに行動。そのうえで、患者と振り返りのミーティングを行い、患者が自分で退院先を選択できるように援助した。 ・父と面談し患者の思いを代弁。父のこれまでのことや考えを聴いた。そのうえで、患者と前の主治医も含めて一緒にケア会議を行った。
本人が立てた目標	アパートを見つけて退院。退院後は一人暮らしをする。
チームの行動	・一緒にアパートを探し、契約など手続きのサポート。 ・アパート契約後は、試験外泊を提案。 ・患者自身が外泊と退院までの予定を立てるのを援助。 ・退院時期が明確になったら、退院後の支援資源を案内。デイケアや地域活動支援センターなどへの通所を提案。本人がその提案に乗らなかったので、訪問看護を提案。訪問看護も気乗りしない様子だったので、まずは相談員と信頼関係のある訪問看護師との面接を調整。訪問看護の具体像が見えるようにした。
退院に向けた患者のニーズ	自立したい。自分でできることはしたい。相談できる人がほしい。

チームの行動	患者の思いを受け止め、肯定し、ニーズにかなうように、相談相手としてまずは退院後三カ月間、訪問看護を利用してみることを提案。振り返りなどのために面談を提案。
本人のプラン	・二回の試験外泊の後、問題なければ退院する。 ・退院後はまずは生活に慣れる。 ・しばらく（たぶん二カ月くらい）毎週通院し、だんだん間隔をあける。 ・まず三カ月間は訪問看護を週一回受けてみる。 ・月一回程度、受診の後、相談室に寄って鈴木さんと話す。
退院支援チームの支援評価	**良かった点** ①ゆっくり時間を取って本人の話を聴いたこと。 ②選択肢を広げて提案したこと。 ③具体的な動きを一緒に行ったこと。 ④父に会って話を伺ったこと。 ⑤患者自身の自己決定を支援したこと。 ⑥チームワークが良かった（互いの話をよく聴き確認しながら支援を進めた）こと。 **反省点** ①元主治医とのコミュニケーションが最初は不足していた。 ②生活歴や現病歴において母の自死に関する情報が抜けていた。チームは本人との面接でそのことを知ったが、父と面接するまで父が心身にトラウマの影響による問題を抱えていたことも知らなかった。①の事情もあり、支援当初はトラウマへの配慮ができていなかった。

③住居支援など患者と病院外で一緒に動けたのは相談員だけだった。他の職員も外出できれば退院先確保が早まり、より早期に退院が実現したかもしれない。

5　事例のまとめ

事例❶の考察とまとめは、退院支援チームによるカンファレンスと「支援サマリー」をよくお読みいただければと思います。ここでは、アセスメントと支援のポイントをまとめてみました。

アセスメントのポイント

①佐々木さんはなぜ長期入院となっているのか？　本人の病状、思いや考え（不安や恐れなども含め）は？　父親の思いや考えは？　本人・家族以外の要因はあるのか？
②佐々木さんの経済状況は？
③佐々木さんの生活スキルは？
④佐々木さんの望み・強み・長所などのストレングスは何か？

支援のポイント

①本人や家族と会話し、思いや考えを聴く。
②ニーズを特定してそれに沿った提案をする。
③選択肢はなるべく複数になるように本人と一緒にアイデアを出す。
④本人の自己決定を支援する。
⑤必要な限り本人と一緒に動く。

事例❶では、支援スタッフも患者も家族も、誰一人として無理することなく、患者本人の意に沿う形で、退院支援から実際の退院まで比較的短期間で支援が展開されました。ただ、このように支援が展開されるには、個別支援に力を注ぐ（時間をかける）必要があることに読者諸氏は気づかれたことでしょう。個別支援とは、つまり、桜公園病院の退院支援チームが行ったように、患者の話を丁寧に聴き、アセスメントを行い、複数の選択肢を提案し、本人の自己決定をサポートし、本人と一緒に目標を言語化し、それに向かって共に動くという一連の実践です。これは、ACTモデルでも実践されている直接サービス型のケアマネジメント（ケースマネジメント）のプロセスでもあります。

コラム❸

トラウマとPTSD

トラウマ（Trauma／心的外傷）は、最近では日常会話でもよく聞かれるようになったが、医学的および心理学的意味でのトラウマは、それを負った人の心身の調子を乱し、日常生活における行動や人間関係に影響を及ぼすようなレベルのものを指す。PTSD（Post-Traumatic Stress Disorder／心的外傷後ストレス障害）は、精神疾患の診断基準に記述されている病名であるが、診断基準に当てはまらないものの、トラウマの影響下に苦しむ人もいる。また他の精神疾患の診断がついていて、PTSDとは診断されていない人でも、その背景にトラウマがある場合がある。たとえそのトラウマが精神疾患として診断されていなくても、ケアされるべき、あるいは配慮されるべき状態であることに留意したい。また、アディクションの背景に複雑な（たとえば、幼少時からの虐待、ネグレクト、その他の逆境体験からくる）トラウマがあることは少なくないといわれる。

1 トラウマの影響

エマーソンとホッパーは、トラウマの影響を次のように説明している。「トラウマは、圧倒的あるいは暴力的な身体的経験、または、困難な心理的あるいは感情的経験が原因となって起こる。その衝撃は、突発的、劇的である場合も、自我がすこしずつ、けれども容赦なく侵されていった結果である場合もある。トラウマは私たちが経験してから何週間、何か月間、または何年もが過ぎ去ってから、ようやくそれを経験したことに気づくこともある」(Emerson & Hopper, 2011［二〇一一］、一四頁)。

2 トラウマは家族にも影響する

トラウマ研究の第一人者であるヴァン・デア・コークは、トラウマが本人だけではなく家族にも及ぼす影響について次のように述べている。「トラウマは、直接それを体験したひとばかりでなく、その周囲の人にも影響を与える。戦闘から帰還した兵士は、逆上したり、感情が欠落していたりして、家族を怖がらせかねない。ＰＴＳＤの夫を持つ女性は抑うつ状態になりやすく、抑うつ状態の女性の子供は自信がなく不安な気持ちで成長する危険がある。子供のころに家庭内暴力を目の当たりにすると、大人になったときに信頼に満ちた、安定した人間関係を築くのが難しくなることが多い」(van der Kolk, 2014［二〇一六］、一二頁)。

3 PTSD

ICD－11［注1］ではPTSDの症状は次のように記述されている。

①侵入的で鮮明な記憶想起によるトラウマの再体験（フラッシュ・バックや悪夢）。この再体験は一つあるいは複数の感覚の種類と典型的には恐怖といった強く圧倒的な感情と強い身体感覚を伴って起こる。

②トラウマ体験についての考えと記憶を回避する。あるいはそれを思い起こさせるような活動、状況、人々を避ける。

③覚醒亢進症状（過覚醒）や思いがけない物音といった刺激に対する高い驚愕反応であり、以上の症状が少なくとも数週間続き、社会的機能（対人関係、就学や就労など）を著しく損なう原因となっている。

（World Health Organization : ICD-11 code : 6B40. Post traumatic stress disorder. (https://icd.who.int/en［二〇二三年四月八日閲覧］））

4 複雑性PTSD

トラウマケアの臨床家や研究者の間では以前から指摘されていたが、これまでの国際的診断基準には定義されておらず、ICD－11で初めて明確に定義された複雑性PTSD（Complex Posttraumatic Stress Disorder）は、長期にわたる、あるいは繰り返される恐怖の体験（たとえば、幼少期に端を発する長期にわたるネグレクトや虐待による逆境体験）の結果起こるとされている。ＩＣＤ－11による複雑性ＰＴＳＤは、ＰＴＳＤの症状に加えて、感情調節障害、否定的自己像、対人関係の障害を伴う。これらの症状が社会的機能を著しく損なう原因となっている。

（World Health Organization：ICD-11code：6B41. Complex post traumatic stress disorder.（https://icd.who.int/en［二〇二三年四月八日閲覧］））

5　トラウマは公衆衛生問題

近年、トラウマは公衆衛生の問題としてとらえられるようになっている。つまり、健康を害するリスク因子であり、医療費などの増加につながり、社会的課題として対策を講じるべき問題とされているということである。そして、「病気の原因と対応が理解されていれば、病気になった人を非難したり排除したりするのではなく、適切な治療につなげて、養生させることができる」（野坂、二〇一九、七四－七五頁）という考え方は、トラウマの問題にも当てはめることができるのである。

6　トラウマインフォームドケア

トラウマインフォームドケア（Trauma Informed Care：TIC）は、トラウマを念頭に置いたケアを指す。患者（利用者）のケアに関わるあらゆるスタッフが、その人の症状や行動の背景にはトラウマがあるかもしれないという視点をもちながら関わることで、患者（利用者）が支援者との関わりのなかでトラウマを再体験をすることを防ぎ、ケア対象者とケア提供者双方の安全を確保する。さらに、患者（利用者）が自分自身の状態に意識的になることで、主体的に自分自身にとって安全で建設的な行動を選択したり、セルフケアができるように心理教育的なサポートがなされることで、二次的疾患の予防にもなる。トラウマインフォームドケアは非常に重要であり、これからますます日本の精神保健福祉領域に浸透していくことが望まれる。詳しくは、野坂祐子『トラウマインフォームドケア』（野坂、二〇一九）や、ＳＡＭＨＳＡ（2014）の“TIP 57：Trauma-Informed Care in Behavioral Health Services”を参照されたい。

⊙注

［1］ICD=International Statistical Classification of Diseases and Related Health Problems（『疾病及び関連保健問題の国際統計分類』）の第一一版。ＩＣＤは、ＷＨＯ（世界保健機関）によって分類された国際的な統計基準であり診断基準として用いられている。死因や疾病の統計などに関する情報の国際的な比較や、医療機関における診療記録の管理などに活用されている。ＩＣＤ－11が最新。ちなみに、上記以外に研究に用いられている国際的診断基準はＤＳＭ（アメリカ精神医学会が出版している、精神疾患の診断基準・診断分類）で、正式名称は『精神疾患の診断・統計マニュアル（Diagnostic and Statistical Manual of Mental Disorders）』。その頭文字を略してＤＳＭと呼ぶ。最新版はＤＳＭ－5。これにはＩＣＤ－11には収載されている「複雑性ＰＴＳＤ」は含まれていない。

⦿ 文献

Emerson, D. & Hopper, E.（2011）Overcoming Trauma through Yoga : Reclaiming Your Body. Justice Resource Institute.（伊藤久子＝訳（二〇一一）『トラウマをヨーガで克服する』、紀伊國屋書店）

野坂祐子（二〇一九）『トラウマインフォームドケア――〝問題行動〟を捉えなおす援助の視点』、日本評論社

SAMHSA（2014）TIP 57 : Trauma-Informed Care in Behavioral Health Services.（https://www.samhsa.gov/resource/dbhis/tip-57-trauma-informed-care-behavioral-health-services［二〇二三年四月八日閲覧］）

van der Kolk, B.（2014）The Body Keeps the Score : Brain, Mind, and Body in the Healing of Trauma. Penguin Random House LLC.（柴田裕之＝訳（二〇一六）『身体はトラウマを記録する――脳・心・体のつながりと回復のための手法』、紀伊國屋書店）

第3章

事例に学ぶ多職種連携②

地域から始まる協働的なチーム支援

1　地域から始まる協働的なチーム支援

本章では、地方行政の精神保健アウトリーチチームと精神科病院の多職種が縦横に連携する事例を通して、さらに協働的なチーム支援・多職種連携を学んでいきましょう。第1章で協働的な多職種連携の好例としてオープンダイアローグについて触れました。オープンダイアローグは病院の医療チームが地域住民の精神科的な問題に関する相談に直接応じ、自分たちも必要な場所に出向いて地域の他の職種と連携して早期に対応し、問題の深刻化や症状の重症化を予防する取り組みです。また、第1章では、日本における政策として、市町村単位での取り組み「にも包括」と、先進例である所沢市の地域精神保健ケアシステムについても紹介しました。

所沢市の例のように、もし、あなたの住んでいる市町村に精神保健の相談窓口が設置されていたとしましょう。たとえば、近所に住むあなたの友だちから、「息子が学校に行かなくなった。最近は部屋から出てこない。お風呂にも入っていない。何か病気かもしれないけれど、親を避けて話そうとしてくれない。どうしたらいいだろうか」と相談があったとします。あなたは、市町村に相談窓口があることを思い出し、友だちにそれを伝えることができるでしょう。

地域住民であれば誰もが相談できる窓口に加えて、その市町村には精神保健のアウトリーチチームがあるとします。相談窓口の相談員は話を聴いて、自分が家庭訪問をして息子さんと会ってみましょうと提案するかもしれませんし、アウトリーチチームというものがあり、その支援員とともに家庭を訪問することができますと提案してくれるかもしれません。英語の“outreach”には、「手を差しのべる」または「手を差し出す」などの意味があり、精神保健医療福祉の領域では、患者（利用者）のために、専門職者が必要に応じて必要とされる場所に出向いて支援を届けることを指します。アウトリーチチームは、基本的に直接サービス型のケマネジメント（ケースマネジメント）を実施します。必要とされる場所にチーム員が自ら出向き、本人や家族と会話をしながら、状況をアセスメントし、必要な支援をその人に合わせて提案し、直接サービスを提供します。

2　事例の読み方

第2章で紹介した事例❶と本章で解説する事例❷には同じ「桜公園病院」という（架空の）病院が登場しますが、時代に隔たりがあると考えてください。事例❶は二〇一三年という設定でした。事例❷はその五年後の二〇一八年としています。事例❶はまだ桜公園病院に長期入院の患者が残されているなかで退院支援チームが奮闘するストーリー設定になっていました。一方、事例❷は桜公園病院の長期入院者がすべて退院し、療養病棟は閉鎖され、退院支援チームも解散した後の話です。病院の変遷のプロセスと並行して、Z市では保健センターに精神保健専門の相談窓口「こころの健康相談室」が設置され、さらに、医療専門職を含む多職種アウトリーチチームも設置され、精神保健相談窓口となっている「こころの健康相談室」と連携して活動するようになっているという設定です。

事例❶と同様に、事例❷にも複数の事例場面があります。これらは、三人称の事例説明、一人称の語り、登場人物たちの会話の組み合わせで構成されています。事例をたどることで、それぞれの登場人物の主観と行動の両方を見ていくことになります。第2章でも述べた通り、患者（利用者）主体の多職種連携に特定のパターンはありません。むしろ、そのニーズに合わせて、スタッフの動きは柔軟に変化し、協働の動きも変わっていきます。事例❶と同様に、最初はざっと読み進んでいただき、後でスタッフの「支援サマリー」を参照しつつ、スタッフ個々の患者や家族との関わりや他のスタッフとの関わり、それがもたらした結果に着目してみましょう。そして、ご自身だったらどうするか、ぜひ想像したり考えてみたりしてください。事例❷も筆者の経験に基づく架空の事例です。登場する団体や個人の名称は実在のものとは一切関係がないことをお断りいたします。

3 登場人物の紹介

事例❷には、地域支援の支援スタッフと医療スタッフ、そして患者（利用者）とその家族と、非常にたくさんの人物が登場します。事例❶より入り組んでいると感じるかもしれませんが、地域精神保健の多職種連携はまさにこのように登場人物が多いのも特徴です。次ページに示した登場人物相関図を参照しながら、読み進めてみてください。

【事例❷】地域精神保健における多職種連携

人口三五万人弱の地方都市Z市には、保健センターのなかに精神保健の相談窓口である「こころの健康相談室」がある。Z市は三年前から独自に精神保健に関わるアウトリーチ支援事業を実施しており、多職種構成の「アウトリーチチーム」が、同じく保健センターを拠点にこころの健康相談室と連携しながら活動している。

事例❷　退院に向けた連携（イラスト：真嶋信二）

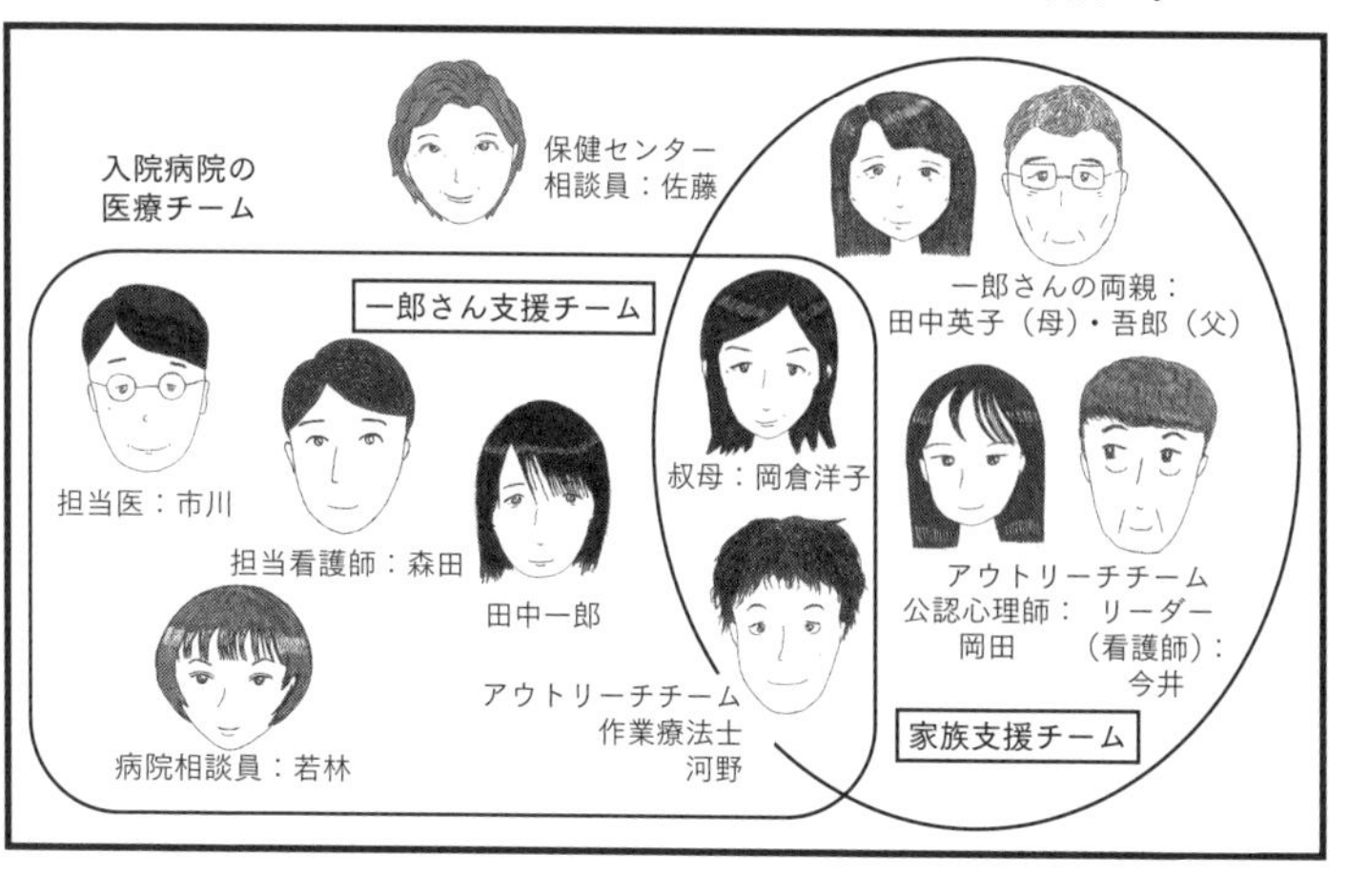

事例❷　1年後の支援体制（イラスト：真嶋信二）

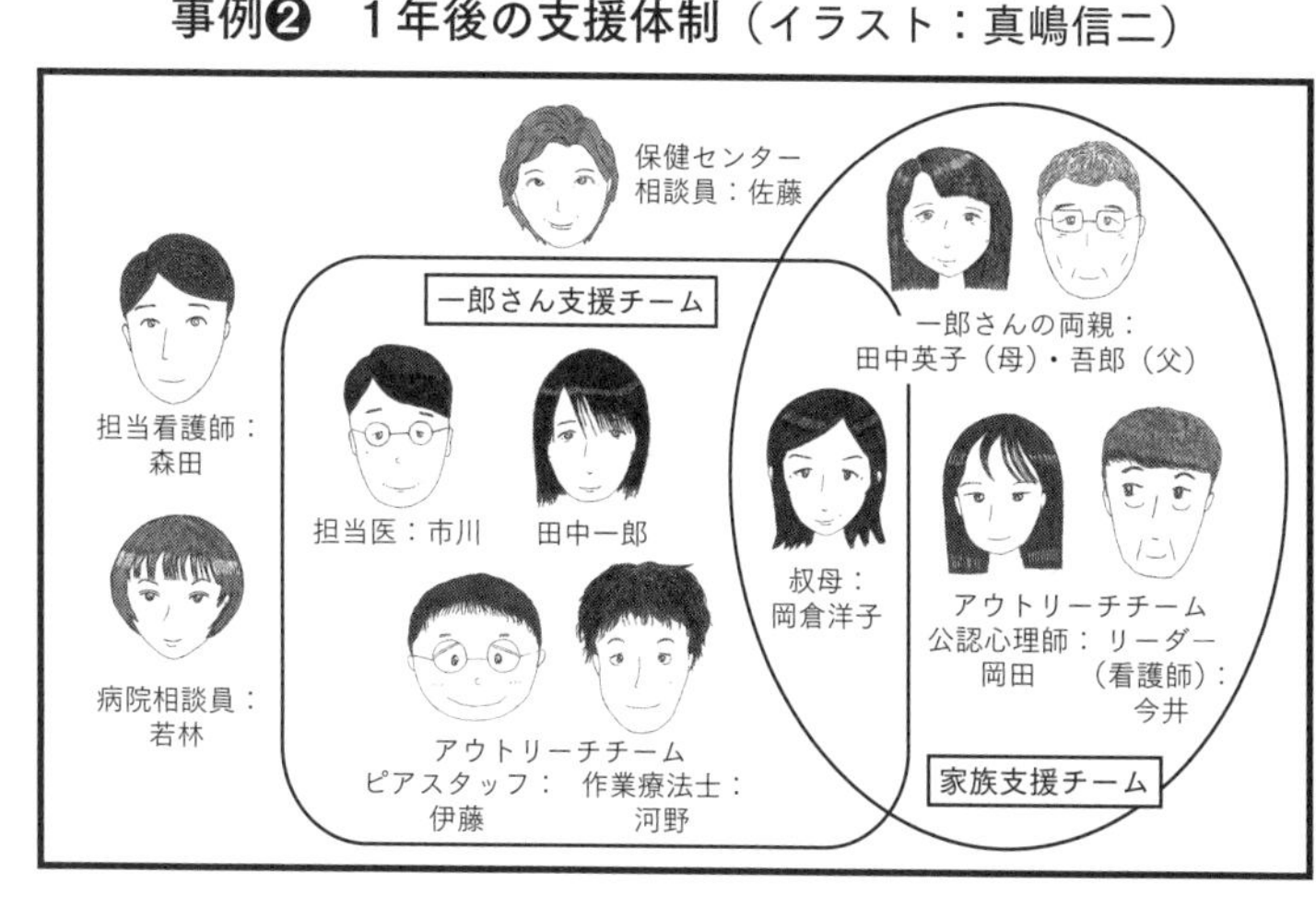

ある日、こころの健康相談室に岡倉洋子さんという女性から電話で相談が入った。まず、精神保健福祉士の佐藤相談員が対応することになった。

【場面1】岡倉さんからの電話相談を受ける（精神保健福祉士・佐藤さんの語り）

――二〇一八年二月五日（月）

私が電話に出ると、岡倉さんは前置きなく「姉は精神的に壊れかかっています。どんな対処をすべきか相談したい」と言った。私が、「精神科を受診されたことはありますか？」と訊ねると、岡倉さんは間髪入れずに「精神科の病院も医者も信用できません！」と怒りのこもった強い口調でおっしゃった。電話口でもう少し詳しく状況をお聞きすると、岡倉さんの甥・一郎（姉・英子の二七歳の息子）が統合失調症で桜公園病院に入院中とのことだった。入院前は家中の物を壊し、父母は外に避難し、父親が警察を呼んだ。現場を見て警察は保健所に通報し、甥は措置入院となった。現在は病状が安定したのか、退院の相談をしたいと病院から連絡があったが、母親はかなりおびえているということだった。措置入院なら保健所も支援に入るはずだ。ただ、甥はこの一〇年の間に複数回措置入院をしているということだった。桜公園病院への入院は今回が初めてだそうだが、岡倉さんは精神科病院に対して不信感をもっているようだ。頻回措置入院ケースであるため、アウトリーチチームにつなぐほうがいいかもしれない。

岡倉さんの相談には二つの内容が含まれていた。ひとつは甥の退院についての不安、もうひとつは姉のことで、姉の様子がおかしいのはPTSDが原因ではないかということだった。岡倉さんには、我々のほうで相談に乗ることはできると思うので、まずは姉夫婦とともに保健センターに来所できるか訊ねてみた。岡倉さんは「二人を連れて必ず伺います」と即答した。姉夫婦と甥の氏名を訊いて記録し、その場で面接の日時候補をいくつか伝えたところ、岡倉さんが姉夫婦の都合を聞いてまた連絡をくれることになった。

【場面2】田中さん夫妻の相談（精神保健福祉士・佐藤さんの語り）――二〇一八年二月七日（水）

岡倉さんと姉の田中英子さん・吾郎さん夫妻が来所される日が決まってすぐに、田中夫妻の了解を得て、管轄の保健所に連絡し確認を取った。保健所の担当者も桜公園病院から退院について話し合いたいと連絡を受けているということだった。桜公園病院の相談室にも連絡したところ、担当の若林相談員によると、患者である田中一郎さんの叔母にあたる岡倉さんが、両親に代わって連絡窓口となり、「姉の様子がおかしいので、こころの健康相談室に行って対応について相談する予定です。日程を決めるのはその後にしてほしい」と言われたという。「アウトリーチチームの支援を受けることをお勧めしようかと思っている」と伝えると、保健所担当者も病院相談員も賛意を示された。

岡倉さんと田中さん夫妻との面談には、私とアウトリーチチームのリーダーの今井さん、主担当となる可能性のある河野さんが同席することになった。

岡倉　佐藤さん、先日はお電話でお話を聴いてくださり助かりました。そして、すぐに面談の設定をしてくださり本当にありがとうございます。こちらは姉夫婦です。

佐藤　はじめまして、佐藤です。どうぞよろしくお願いいたします。

田中（妻）　今日はお時間を取っていただき、ありがとうございます。よろしくお願いいたします（泣きながら）。

佐藤　こちらは、アウトリーチチームの今井さんと河野さんです。お電話でお伝えしたように、入院中の一郎さんの支援に入っていただくのはどうかと考えています。

田中（夫）　こんなにたくさんの方にお時間を取っていただきすみません。ありがとうございます。

佐藤　こちらで病院と保健所の担当者に連絡を取り、一郎さんのご家族と話をすることやアウトリーチチームが一郎さんの支援に入る提案をしたことなどをお伝えしています。どちらも賛同されました。

岡倉　ああ、よかったです。このままでは姉夫婦の身がもたないと思いました。特に姉はずっと泣いているし、夜もあまり眠れていないようで心配です。何かケアが必要だろうとも思うのですが、精神科医を信用できなくて……だって、甥はこの一〇年の間に五回も措置入院しているんですよ。

今井　看護師の今井です。よろしくお願いします。トラウマ治療を行っているクリニックを紹介することもできますが，我々のチームにも公認心理師がいますので，もしよかったら一度ご相談いただいてもいいかもしれません。

田中（夫）　ああ，そのほうが安心だと思います。

田中（妻）　ありがとうございます。私は自分では大丈夫だと思っているんですけれど……

（涙があふれる）

岡倉　お姉さん，アウトリーチチームの心理師さんにまずは相談してみましょうよ。

田中（妻）（うなずく）

田中（夫）　妻がこんな風になったのも，息子の状態がずっと悪くて，常に緊張状態だったということがあります。実はナイフを向けられて，家の外に出されたこともあります。息子は統合失調症と診断されていますが，薬を飲んでもあまり良くはならず，家の中で暴れるんです。今回はまだ会っていないので，どうなっているかはわからないのですが，正直なところ期待していません。

岡倉　姉はもう限界だと思います。私にとってはかわいい甥ですけれど，私や母が姉夫婦に代わって一緒に暮らすというのもこれまでの状況から厳しいと思います。どこか施設に入れるように支援していただけませんか？　グループホームや生活訓練施設というのもあると聞いたのですが……

河野　作業療法士の河野といいます。よろしくお願いします。おそらく私が一郎さんの退院支援と退院後の支援を担当することになると思います。グループホームや宿泊型生活訓練施設はどうかということですね。一郎さんのご希望にもよると思いますが、もちろん、そういう選択肢もありますし、アパートで一人暮らしをするということもありうると思います。

田中（妻）　あの子がアパートで一人暮らしなんて想像もできません。人様に迷惑かけることになるのではないかと、それが心配です（話しながら涙があふれる）。

田中（夫）　なんとか、施設でお願いできないものでしょうか？

今井　一郎さんが退院してご自宅に戻られても、ご家族として受け入れるのが難しいということは理解しました。ただ、私たちが退院先を決めるわけではないのです。これから病院の主治医や相談員と協力しながら、一郎さんのご意向を確認し退院支援をしていきます。施設ですと、施設側の意向というか選考もあるので、一郎さんが希望したとしても入れない場合もあります。でも、一郎さんの希望に沿った調整もしますし、一緒にアパートを探すこともします。退院後も必要に合わせて長く関わらせていただくことになると思います。

岡倉　退院先を一緒に探してくださり、その後の生活も含め長く一郎に関わってくださるということなのですね。それはとてもありがたいです。病院側も一方的に自宅に退院させようと思っているわけではないのでしょうか？

佐藤　まずは、主治医から現在の一郎さんの病状についてご家族に説明したいということです。それから退院についてどうするかという話し合いをしたいということなので、そのときにご家族の意向を話されるといいと思います。病院側ではご両親がとてもお困りだということが認識されていなかったのかもしれません。桜公園病院では患者さんが入院するとすぐにご家族との面談があると聞いていますが、いかがでしたか？

田中（夫）　入院したのが夜中だったので当直の医師と看護師の方との面談はありました。ただ初めて会う方々でしたし、私は聞かれたことにしか答えていません。そもそも妻は病院には行けませんでした。

田中（妻）　夫には申し訳ないのですが、私は病院には行けそうもありません……（泣いている）

田中（夫）　私たちもあの子が退院して自宅に戻る以外の選択肢があるなんてこれまで想像もしていませんでした。誰に何を話しても解決することはないような気がしていました。実は、最初の主治医からは親の対応が悪いと非難されました。家族会で相談したり、いろいろな本を読んだりしてみましたが、結局どうしたらいいかわかりませんでした。あの子は家にいても良くならないし、病院に入ると少し良くなったように見えるけれど、また悪くなる。いっそのこと一緒に死のうかと思うこともありました……

田中（妻）（両手で顔を覆って泣いている）

岡倉　私から見て姉たちは、子どもに愛情を注いで育ててきました。それなのに、ただでさえ自分たちを責めている親を非難する医者がいるなんて信じられません！

一同　（しばらく沈黙）

田中（夫）今回、洋子さんが私たちを思って動いてくれたおかげで、私自身が自責や絶望感で、冷静に先のことを考えたり相談したりできなくなっていたのだと気づきました。私たち親だけではどうしようもない。この一〇年同じことの繰り返しだったのです。私たちには誰かの助けが必要です。

今井　（うなずきながら）病院スタッフと話すときには我々も同席させていただきたいと思いますが、いかがでしょうか？

田中（夫）ぜひお願いします。

岡倉　とても心強いです。よろしくお願いします。病院には義兄と私とで行く予定です。姉は、今は病院には行かないほうがいいと私は思っています。

田中（夫）私もそう思います。

田中（妻）（涙を拭いながら）すみません……

今井　（うなずきながら）大丈夫ですよ。良かったら今から心理師にもここに来てもらうので顔合わせをしていただいて、面接日時を決めておいてはどうかと思いますが、いかがでしょうか？

田中（妻） ありがとうございます。よろしくお願いします。

河野 心理師がこちらに来るまでの間、病院に行く日程の調整をさせてください。候補日をいくつか挙げて、それからすぐに病院に連絡したいと思います。

岡倉 こんなに迅速に対応していただけるなんてありがたいです。

この後、病院でのカンファレンスが一週間後に決まり、田中夫妻と公認心理師は顔合わせをした。公認心理師と田中英子さんとの初回面接の日は二日後の二月九日（金）の一〇時に決まり、その日のミーティングは終了した。

［場面3］田中一郎さんの雑記帳より（担当医・市川さんの語り）
――二〇一八年二月一六日（金）

今日、田中一郎さんが私に、「先生、よかったら読んでください」と雑記帳を貸してくれた。田中さんに許可をもらって、必要な記述だけコピーをさせてもらい、医療チームと退院支援に入ってくれているアウトリーチチームのスタッフとで共有した。田中さん自身の言葉で丁寧に書かれたその文章を読むことで、田中さんの抱える困難と生来もつストレングスの両方を知ることができた。

もう三週間前になるだろうか。少し頭がクリアになってきたと自分でも感じてきた頃に、市川先生から「雑記を書いてみては？」と勧められた。日記のことらしい。「見た夢、感じたこと、考えたこと、思い出したこと、その日の体験など何でも、思いつくままに記録してみてください。誰にも、もちろん私にも見せる必要はありません。田中さん自身が書いて、後で読み返すつもりで書いてください」と言って、市川先生は一冊の分厚いノートと三色ボールペンをくれた。二行くらいのメモで終わる日もあるが、ほぼ毎日何かしら書くようになった。

僕は人と話すのが苦手だ。子どもの頃からそうだった。頭ではたくさんのことを考えているのに、いざ話そうとすると、思うように話せなかった。それはある種のハンディかもしれないが、他の人にはあまりないらしい特技がある。特技というのか能力というのか、僕にはシックスセンス（第六感）がある。本当は誰もがもっているのだろうけれど、たいていの人のその感覚は眠っている。僕に見えるもの聞こえることが、他の人には見えないし聞こえないらしい。でもそのほうがいいのかもしれない。テストの問題があらかじめわかるとか、答えが頭に浮かんでくるとか、良いこともあったが、大学受験の頃から、あまりに雑多なものが見えたり聞こえたりして頭が混乱して勉強ができなくなった。あいつらがあまりに騒ぎ立てるので、追い出してやろうとしたが、なかなか追い出せなかった。その代わり、警察が来て、僕は精神科に入院させられた。両親も精神科医も僕が統合失調症だという。

今回は五回目の入院だと市川先生が教えてくれた。これまで誰も僕の話を聴いてくれる人はいなかったけれど、市川先生は真剣に聴いてくれた。それから、担当看護師の森田さん、相談員の若林さんも。僕はずっと孤独だった。父も母も良い人たちだけれど、僕の話を聴こうともしなかったし、僕のことを怖がっていた。

この病院は居心地がいい。ずっとここにいたい。市川先生は「病院に住むことはできないよ」と言ったけれど、もう家には戻りたくない。あそこには妖怪が住みついている。僕の部屋は乗っ取られてしまった。父も母もあの家を手放したほうがいい。先日、父と叔母が来て、母がＰＴＳＤで治療を受けることになったと言った。僕が妖怪たちと格闘したときに家中の物を壊してしまったのが恐ろしかったようだ。父は、僕が母にナイフを向けたと言ったがそんな覚えはない。妖怪を追い出そうとしてナイフで脅したことはあるけれど。父は、家には帰らず自立してほしいと僕に言った。家に戻りたくなかったので、その言葉にはほっとした。相談員の若林さんが、アウトリーチチームの今井さんと河野さんを紹介してくれた。今後退院のための支援をしてくれるのだと。

　この病院には妖怪はいない。ここには美しい庭があって、今日散歩していたら、けやきの木のそばで精霊を見かけた。ここは気の流れがいい。河野さんが一緒に歩きながら、僕の希望を訊いてくれた。この病院みたいに気の流れが良いところに住みたい、妖怪が寄り付かないような場所がいいと伝えた。河野さんは僕のことを理解しようとしていろいろと質問してくれた。それがとてもうれしかった。

［場面4］多職種チームで共有したアセスメントとケアプラン（担当医・市川さんの語り）
——二〇一八年二月一九日（月）

　表❶は、若林相談員が田中一郎さん本人との会話、担当医（市川）や担当看護師の森田さん、家族、保健センターの佐藤氏や、アウトリーチチームの河野支援員から聴いた話をもとに作成したアセスメント表である。退院支援をするにあたり、一郎さんの経済状況について明らかにすることが必要だった。これまで両親が全面的に一郎さんを支えていたが、退院後は本人に自立してもらいたいと望んでいて、本人も両親から経済的援助を受けないことを決心した。若林相談員は、一郎さん本人に生活保護制度について詳しく説明し、申請を提案した。

　若林相談員と私（市川）は、ケア会議の前に、田中一郎さん本人とこのアセスメント表

表❶ 田中一郎さんのアセスメント

ストレングス（強み／長所／リソース）	課題となること
・自分の考えや感じていることを言葉で表現できる（語彙が豊か） ・文章を書くのが得意（表現力が豊か） ・ゆっくりとした会話を楽しむ ・話すのも上手だが聴くのも上手 ・率直にご自身の希望を表現される（嫌なものはいや、良いものはいい） ・整理整頓ができる ・他者への気遣いができる ・樹木など自然が好き ・体を動かすのも好きでよく散歩をする ・哲学の本など難しい本も読める ・シックスセンスがある（以前は嫌なものも見えたり聞こえたりしていたが、今はご自身にとってよいものだけが見え聞こえる） ・料理が好き（入院前五年間はしていなかったが、子どもの頃からしていた）	＃１　持続した重い精神症状をもつ。 ＃２　退院先を確保する必要がある――両親「自立してほしい」（母はＰＴＳＤで実家への受け入れ厳しいと表明あり）／一郎さんも実家への退院を望まず。 ＃３　これまで医療中断、再発・再入院を繰り返している――連続性のある心理社会的支援が必要。 ＃４　集団の場に参加することは望まず――＃１とこれまでの学校等集団の場でのネガティブな体験の影響の可能性？　ＯＴや病棟でのグループには参加せず。退院先としてグループホームや宿泊型生活訓練の利用は望まず。退院後について一郎さんの希望を聴いていく。 ＃５　経済面の課題あり――これまで両親に扶養されていた。本人名義の預貯金はない。若年発症で就労の経験はなく、年金は免除申請を行っていた。両親が病院に預けた現金三万円のみが現在の所持金である。

を共有し、特に「課題となること」のところはそれぞれの考えを伝えながら、一郎さん自身はどう思うか訊ねた。一郎さんはしばらく黙ってアセスメント表を見つめ、「先生たちは僕のことを理解してくれているのだとわかりました。学校には楽しかった思い出はひとつもありません。作業療法（Occupational Therapy：OT）に出たくないのは、怖いからです。市川先生も森田さんも出なくていいって言ってくれたので本当にほっとしました」と言った。

その後、森田看護師やアウトリーチチームの河野支援員も含めて、退院支援のためのケア会議を行い、アセスメント表を見ながら一緒にケアプランを作成した（表❷）。多職種スタッフは一郎さんへの意思確認を丁寧に行いながら、プランに沿って退院支援を進めていった。

［場面5］田中一郎さんのケア会議／退院に向けての話し合い（看護師・森田さんの語り）

――二〇一八年四月二〇日（金）

アウトリーチチームによる迅速な住居支援で、田中一郎さんはご自身の希望に合うアパートを見つけることができた。今後のアパートへの転居、試験外泊、退院の日程や、退院後の生活で必要な支援について話し合うために、一郎さん本人、病院の治療チーム、アウトリーチチームの河野さんとケア会議を行った。治療チームで参加したのは、私（森田）、担当医（市川）、相談員（若林）の三人だった。若林さんが司会進行をして退院に向けて具体的な事柄を決めていった。

表❷ 田中一郎さんのケアプラン

患者本人の希望（目標）	退院後はアパートで一人暮らしをする。緑豊かな地区で暮らしたい。
チームの支援目標	支援者間で密に連携しながら、次のことを遂行する。 （1）本人が希望するアパートを見つけ退院できるように援助する。 （2）退院後の再入院を予防する。
田中一郎さん自身がすること	•住みたいアパートの条件を言語化する。 •若林相談員と物件検索を行い見たい物件をしぼる。 •アウトリーチチームの河野相談員と物件内覧に行き、さらに条件を明確にしていく。 •気に入った物件を見つけたら申し込みをする。
ケアプラン相談員（若林）	•ケアマネジャーの役割を担う（情報の集約、ニーズアセスメント、カンファレンスやケア会議の呼びかけ、プランの作成と共有のイニシアチブを取る）。 •精神障害者保健福祉手帳の申請の援助。 •生活保護申請の援助。 •アウトリーチスタッフによる住居支援の補助（本人と一緒に物件の検索、見たい物件情報の印刷）。
担当医（市川）	•一郎さんに疾患と薬物治療に関する情報提供を行い、話し合いながら薬物の調整を行う。治療内容はチーム内（外部機関のアウトリーチチームスタッフも含む）で共有する（一郎さんの承諾あり）。 •薬物治療だけでなく、精神療法的にも関わる——会話、雑記の推奨など。
看護師チーム（主担当・森田）	•週三回は時間を長め（六〇分前後）にとって一郎さんの話を聴き、一郎さんご自身が自分のこれまでの経験や現在の心情や希望を言語化し意識できるように援助する（連続性があったほうがよいため、主担の森田が担う）。 •日常的な会話の機会を意識的にもつ（すべてのスタッフ）。 •家族支援は現在アウトリーチチームの心理職が担っているので、共有すべきことが出たときは一郎さんの了解を取って共有する（主担の森田が窓口となる）。

若林　では、まずは退院日のめどですが、田中さんのご希望はいかがですか？

田中　五月一日からアパートへの入居は可能なので、それから物をある程度揃えて（視線を上に向けて考えながら）、試しに泊まってみて……そうですね、二週間あれば余裕をもって退院できそうです。

市川　（カレンダーを指さしながら）ということは、五月一四、一五、一六日あたりですか？

田中　そうですね。一六日がいいかな。

河野　退院のときはアウトリーチチームが車で病院に来て一緒に荷物を運ぶこともできますし、そのあと買い物が必要でしたら同行することもできます。私の都合をお伝えすると、一六日だと午後一時半以降なら時間が取れます。

田中　ありがとうございます。できればお願いしたいです。退院の日は叔母に車を出してもらおうかと考えていました。でも河野さんにお願いできるならそのほうがいいです。

河野　わかりました。予定に入れるようにしますね。

若林　河野さん、ありがとうございます。市川先生も森田さんも異論ないようでしたら、五月一六日の一三時三〇分としておきましょうか。そこをめどに、これから外出とか試験外泊とか、予定を立てられればと思います。

市川・森田　（うなずく）

市川　あのエリアは緑が多くていいですよね。買い物とか病院に来るときはバスを使うのですか？

田中　バスを使うつもりですけど、あまり乗ったことがないので不安はあります。歩けるところは歩きます。いずれは自転車を買おうと思っています。

河野　自転車は便利だと思います。ただ、バスの利用に慣れておくのもいいのかなと思うので、よかったらバスに乗って病院からアパートに行ったり、アパートから病院に戻るというのを一緒に練習というか、試してみるお手伝いもしましょうか？

田中　ああ、いいかもしれません。やってみたいです。

若林　そこは私もお手伝いできます。田中さんが了解してくだされば、一度アパートにも伺ってみて、何か生活を整えていくために必要なことがあればお手伝いしたいと思います。

田中　実は、僕には何が必要なのかよくわからなくて……見てもらってアドバイスいただけるとありがたいです。

（この後、カレンダーを一緒に見ながら、具体的な外出や外泊の日程を決めた。そして、退院後の支援についても話し合った）

市川　退院後のことですが、田中さんはデイケアの利用はもともと希望されていないので、それはないとして、訪問看護もなしで、アウトリーチチームの河野さんだけが定期訪問することになりますね。外来通院はどうされますか？　退院後三カ月くらいは毎週来る方もいらっしゃるし、二週に一回でもいいと思います。リハビリのためにも人と会う機会をもつことは推奨したいと思いますが……

森田　訪問看護だけでもしばらく利用してみてはどうですか？　初めての一人暮らしですし、何か困ったことがあったときには相談に乗ってもらえますよ。

田中　訪問看護は必要性を感じません。河野さんが来てくださるので十分です。河野さんに相談に乗っていただきたいです。あとは、叔母とは健康のために週に一回、一緒に近くの緑地公園を歩こうって話しています。叔母は物知りなので何かあれば相談するつもりです。両親とはしばらく会わないほうがいいのかなと思っています。通院はそうですね……毎週っていうのはなんだか忙しい感じがするので、二週に一回にします。市川先生と話せるのはうれしいので。森田さんや若林さんとは退院したらもう話せなくなるんでしょうか？

若林　そんなことはないですよ。時間を合わせることができれば。

田中　受診の後、たまに相談室に寄ってもいいですか？　森田さんはいかがですか？

森田　私は交代勤務なので必ず日中いるかわかりませんけれど、予定が合えば、そして短時間になってしまうかもしれませんが、診察か面談のときに合流することもできますよ。

田中　わかりました。予定が合うときに、退院したあとも話ができるとうれしいです。
森田　それは私もうれしいです。予定が合うときには参加しますよ。
市川　そうか、田中さんは安心できる人間関係のなかなら人と会ったり話したりすることをむしろ求めていらっしゃるのですね。わかりました。まず叔母様や私たちとの付き合いを続けましょう。
田中　（微笑んでうなずく）
若林　退院後のことも相談できましたし、次のケア会議の日時を決めておいてもいいでしょうか？　まずは外出の振り返りとアパートでの生活の準備の進捗を確認しましょう。
一同　（うなずく）

このケア会議での会話は、入院時から田中さんを担当してきた私（森田）にとって、非常に感慨深いものだった。田中さんは入院当初と比べると別人のようだ。それでも重い精神疾患をもち、生活保護を受け初めての一人暮らしということで、私はつい転ばぬ先の杖のような感覚で訪問看護を勧めてしまった。しかし、田中さんには明確な考えがあり、それは納得のいくものだった。アウトリーチチームの河野さんや叔母様との信頼関係がすでに構築されていることは、田中さんご本人にとっても私たち医療チームにとっても大きな安心要素だった。そして、田中さんが退院後も私たち医療スタッフとつながりをもちたいと意思表示をしてくれたことに感動した。もちろん、いずれは私たちが必要なくなることが望ましいのはわかっている。ただ、入院当初は他者を恐れ、心を許さなかった田中さんが、今は支援者とはいえ他者とのつながりを保ちたいと意思表示をされている。安心できる環境や医療チームの関わりが回復を助けるのだと改めて実感した。

（その後、田中一郎さんは、二回の外出と二回の試験外泊を行い、ご自身で決めた日に予定通り退院された）

［場面6］田中一郎さんに経験専門家の語りを届ける（ピアスタッフ・伊藤さんの語り）

――二〇一八年一一月五日（火）

僕（伊藤）は今日、アウトリーチチームの河野さんと初めて田中一郎さんを訪問した。田中さんは桜公園病院を退院して半年が過ぎようとしていた。退院後はアパートで一人暮らしをされている。買い物や料理、その他の家事もすべてご自身でされているということだ。もともと、料理は趣味だったという。アパートのすぐそばには市が管理する緑地保全公園がある。歴史を感じるような大木もある。

田中さんは一人暮らしに慣れてきたこともあり、何か新しいことを始めたいと考えるようになったそうだ。河野さんが、参考のために僕のこれまでの経験を聴いてみてはどうかと勧め、田中さんは「ぜひ聴きたい」と希望された。僕は昨年、市の経験専門家養成講座を受け、アウトリーチチームのピアスタッフとなり、保健センターで対話のグループを週に一回開催している。

田中さんは不特定多数の人と話すのが苦手ということで、通院先のデイケアは利用されず、二週に一回の通院のときに、主治医など入院中に担当だったスタッフと会話を交わすことを楽しみにしているということだった。訪問看護は利用しておらず、当チームの河野さんだけが週に一回訪問している。ご両親との行き来はなく、叔母にあたる方が時々訪ねて来て、一緒に公園を散歩しながら話をするそうだ。田中さんは叔母とは「気が合う」という。

僕は自分のこれまでの経験、学校でいじめを受けたこと、中学で不登校になった経験、精神疾患を発症して入院した経験、自分を理解してくれる主治医や支援者との出会い、地域活動支援センターで出会った仲間との交流、そして経験専門家養成講座を受けた経験、対話のグループでの相互的サポートについて話をした。田中さんは真剣な面持ちで僕の話を聴いてくれた。話し終わったあと、全員がしばらく黙っていた。長い沈黙の後、河野さんが「よかったら、どんな感想をもったか教えてください」と声をかけた。

田中　伊藤さんのこれまでの体験を聴いて自分と重なるところがあると思いました。妖怪じゃなくて悪魔か……恐ろしかったでしょうね。これまで同じような経験をした人と出会ったことがなかった。いや、ほかの人の話を聴こうとしなかっただけなのかもしれないです。そうか、僕だけじゃないんだ……（しばらく考え込むような様子で黙る）

伊藤　妖怪も怖そうです。

田中　僕は妖怪にはずいぶん苦しめられたんです。桜公園病院に入院してから僕の周囲から消えました。

伊藤　（うなずく）

田中　ここでは、公園のあの大きなけやきの木のそばで精霊を見かけることがあります。

伊藤　精霊ですか……

田中　けやきは「神霊の寄り付く木」と言われていると叔母が教えてくれました。だから別名が槻（つき）というらしいです（ノートに漢字を書いて見せてくれる）。叔母は「つきの木」と言っていた。僕はお月さまの月かと思った（笑う）。

伊藤　（うなずいて）「月の木」ってすてきですね。古い神社にも大きなけやきがありますよね。そうか……このあたりは気がいいと僕も感じますよ。

田中　（うれしそうに微笑む）伊藤さんは、地域活動支援センター（地活）に通うようになって気の合う仲間と出会って回復して今があるとおっしゃいましたね。僕は「仲間」って経験がないのです。友達もほとんどいなかった。気の合う人はいたけれど、向こうが友達だと思っていたかはわからない。仲間ってどういう存在なんだろう？

伊藤　僕も、地活に行って仲間に出会うまではそういう経験は全くなかったんです。学校でも、そういう友達には出会えませんでした。その地活では、しょっちゅうミーティングをやっていたんですよ。言い合いや喧嘩みたいになることもあったけれど。専門職スタッフとピアスタッフがいて、仲裁はしなかったけど、一人ひとりが自分の気持ちを話せる場をつくってくれました。それでわかったのは、自分だけじゃない、誰もが何かしら傷を抱えているってことと、何か状況を変えたいって思っているんだなということです。それから対話に興味をもって、いろんな研修に出るようになって、気づいたらピアスタッフになっていました。

田中　そうか。伊藤さん、話してくれてありがとう。今の話を聴いて、僕もある意味、傷を抱えているのかもしれないって思いました。そして何か状況を変えたいとも思っている。そしたら、河野さんが伊藤さんを紹介してくれた。河野さん、ありがとうございます。伊藤さんと会って、これまで見えなかった道が見えてきた気もします。対話のグループに参加してみようと思います。

河野　（うなずいて）田中さんが何か新しいことを始めたいというタイミングで伊藤さんをご紹介できてよかったです。そういえば注文していた自転車、届いたんですね。入口に置いてあるのを見ましたよ。すごくかっこいいですね。

田中　そうなんです、昨日届きました。明日の受診は自転車で行ってみようと思います。
河野　いいですね。じゃあ、伊藤さんの対話のグループのときも自転車で保健センターまでいらっしゃいますか？
田中　そのつもりです。
伊藤　ここからだと自転車だったら二〇分くらいかかるかもしれませんね。
田中　そうですね。ちょうどいい運動ですよ。
河野　来週の私の訪問は対話のグループの翌日なので感想なども聴かせてください。
田中　わかりました。少し緊張しますが楽しみです。
河野　じゃあ、今日はこれで失礼しようかと思いますが、何か話し忘れていることはありませんか？
田中　（うなずく）大丈夫です。
河野　伊藤さんも？
伊藤　大丈夫です。今日はたくさん話せてよかったです。ありがとうございました。
田中　（二人を交互に見て）ありがとうございました。また来週よろしくお願いします。

田中さんはその後、僕（伊藤）の運営する対話のグループに毎週参加し、そこで出会ったメンバーの一人が通う地域活動支援センターにも通うようになった。僕の訪問から一年後、アウトリーチチームの定期訪問は終了し、代わりに、河野支援員とは保健センターで月に一回、僕も同席して面談の機会をもつようになった。

実は田中さんは来年度最初の経験専門家養成講座の受講を希望されている。来年度は就労に向けて一歩を踏み出したいとも話されるようになった。通院は月一回になり、「若林さんや森田さんとはなかなか会えなくなりました」と少しさびしそうに、しかし笑顔で語っていた。

4　事例❷の支援サマリー

下記は、アウトリーチチームの河野支援員（作業療法士）が、田中一郎さんの定期訪問を終え、保健センターでの面接に切り替えた頃に作成した支援サマリーである。河野支援員は、田中さん本人に了解を取って、共有のため、担当医の市川医師宛てに送った。

5　事例のまとめ

事例❷は事例❶（第2章参照）に比べて登場人物が多く、支援展開が複雑に感じられたかもしれません。実際の支援ではすべての関わりや支援が同時並行で実施されていきますの

チームの支援	住民票の異動など同行して援助。自立支援医療の受給者証の申請の援助。週1回の定期訪問。会話のなかで生活に必要な支援を拾い上げて実施。
退院後6カ月が経過した頃の本人のニーズ	•「生活も落ち着いてきたので何か新しいことを始めたい」 •「ただ、何をしたらいいかわからずアイデアがほしい」
チームの支援	• ピアサポートスタッフの伊藤支援員を紹介。 • 伊藤支援員の経験談を聴く会を訪問で実施。 • 伊藤支援員が保健センターで行っている対話のグループミーティングに誘ってみる。
利用者のその後の経過	2018年11月15日より毎週保健センターに来所され対話のグループに参加。そこで出会ったメンバーの通う地域活動支援センターを2019年1月16日に見学。翌日より体験通所を開始。2月より正式に通所を開始。週2回通所から開始し、8月以降はほぼ毎日通所されるようになったため、11月5日を最後に定期訪問を終了。12月3日からは月1回程度、保健センターで担当者河野・伊藤と面談することで合意。
本人の今後の希望	• 来年度はZ市経験専門家養成講座を受講希望。申請を出す予定。 •「来年度から就労のための一歩を踏み出したい」——具体的プランは、「経験専門家養成講座が終わったら考えたい」とのこと。
備考	• 家族支援（母と心理師との面接／父母・叔母と担当チームの面接）は継続中です。 • 2019年10月29日／一郎さんは父と保健センターで1年ぶりに再会。一郎さんの変化に父は喜びの言葉を伝えておられました。一郎さんから母を気遣う言葉もありました。 • 叔母は月1回、一郎さんを訪問することを継続されています。

以上

支援サマリー

桜公園病院　市川先生

いつもたいへんお世話になります。

田中一郎様の支援に関しまして、定期訪問を終了する区切りに、退院支援から今日までの支援サマリーを作成しましたので下記の通り共有させていただきます。

引き続きどうぞよろしくお願いいたします。

2019年11月6日

記

利用者氏名（年齢）	田中一郎 様（28歳）
住所	Ｚ市○○町2610番地105号室
アウトリーチチームにつながった理由	頻回措置入院。病状による行動化で両親が疲弊。退院後の受け入れ困難。住居支援も含めて退院支援の要請が家族からあったため。
支援開始時の本人の希望	桜公園病院のように気の良い場所に住みたい（実家には戻りたくない）。
実家に戻りたくない理由	妖怪に占領されている。
支援初期のニーズ	退院後の住居を必要とされていた――「緑の多い気の良い地区に住みたい」と希望あり。
チームの提案	• 緑地保全公園に近いエリアでアパートを探す⇒本人も希望する。
退院支援	病院相談員の若林様と連携。物件にあたりをつけてから、協力的なＡ不動産に内覧の仲介を依頼。生活保護の申請が通り、保証会社の審査が通りやすくなった（無職・貯蓄なしだと全滅）。 • アパートが決まってからは病院の医療チームの皆様との連携で、生活のために必要なものを揃え、外出、試験外泊を経て退院。退院当日は同行した。
退院後の本人の目標	• 生活に慣れること。 • 自分で自分の生活をコーディネートし家事も行うこと。

で、それに関連する動きは重なり合い、入り組んだ支援が展開されていきます。ここでは整理のために、アウトリーチ支援チームのスタッフの視点に立って、①家族支援のポイント、②患者（利用者）支援のポイント、③多職種連携のポイント、④協働的なチーム支援の成果、に分けて振り返ってみましょう。なお、「家族支援」が最初に来るのは、最初の相談者（クライエント）が岡倉さん（患者の叔母）で、アウトリーチチームが家族との会話から支援を開始したためです。

①家族支援のポイント

●アセスメント

- 家族（両親や叔母）が田中一郎さんをどのようにとらえているか（理解、思い、不安や恐れ）
- 家族の希望
- 家族の対処スキルや心理面（気持ちのゆとりや思考の柔軟さなど）
- 本人の退院支援と退院後の生活支援にチームが入ることを家族はどう思うか
- 田中英子さん（母親）のＰＴＳＤの可能性について

●実際の支援
・家族と会って話を聴く
・英子さんにはチームの心理師を紹介（初回面接日程を決める）
・アウトリーチチームがどのように支援を行うのか、家族がイメージできるように説明（どのように一郎さんの退院支援を行うか、退院後も支援することも含む）
・一郎さんの支援に入ることの合意を得る（引き続き家族と協力し合うことも含む）
・病院と連絡を取り合うことの了解を取り、病院の窓口（若林相談員）に連絡する
・病院でのカンファレンスに同席することを申し出る
・家族担当（アウトリーチチームリーダーの看護師と母親の面接を行う公認心理師）が定期的に家族と面談してフォローする

②患者（利用者）支援のポイント
●アセスメント
・一郎さんの病状と病院での治療状況、医療チームの関わり
・一郎さんはなぜ頻回入院になっていたのか？
・今後の入院予防のために助けになることは何か？

- 一郎さんは今後どうしていきたいか？　どんな希望をもっているか？
- 一郎さんの経済状況
- 一郎さんの生活スキル
- 一郎さんのストレングス（得意なこと、好きなこと、もっている資源）
- 一郎さんの苦手なこと、不安や恐れなど

●実際の支援

- 一郎さんと会話し、一郎さんのペースで話をしてもらう
- 病院の庭を気に入っているので一緒に散歩しながら話を聴く
- 一郎さんは今後どうしたいのか、退院先の希望などを聴く
- 一郎さんの了解を取って、聴いたことは医療チームやアウトリーチチーム内で共有する
- 目標が定まったら（例：緑の多い地域のアパートを見つける）、一緒にアイディアを出して探していく
- 一緒にアパートを見に行く
- 一郎さんが自分で決めることをサポートする
- 賃貸契約なども自分でできるようにサポートする

・病院での一郎さんのカンファレンスには、アウトリーチチームの担当者がなるべく参加する
・病院の医療チームの窓口である若林相談員とはまめに連絡を取り現況を共有する
・退院後は自立をサポートしながら、必要な限り一緒に動き、生活を見守る
・本人の「何か新しいことをやりたい」という意思表明と相談に対し、経験専門家でピアスタッフの伊藤さんの話を聴くことを提案し、場を設定する
・伊藤さんとの連携をはかる
・一郎さんが自発的に地域活動支援センターに通所するようになり、毎日通所するようになると、実質、訪問の頻度も減り、やがて訪問の必要性がなくなってきたので訪問終了を提案する
・自宅への訪問支援は必要なくなったが、今後、一郎さんが就労支援を受けることなども希望しており、そのコーディネートを含め、自宅以外の場のアウトリーチ支援は必要になってくる可能性は大きいこと、また相談相手として河野相談員の支援継続を一郎さん自身が望んでいることから、月一回程度、保健センターで、ピアスタッフの伊藤さんも含めて一緒に面接して、現況を共有し、見守り、必要なときは一緒に動けるようにする

③多職種連携のポイント

●こころの健康相談室との連携

- 佐藤相談員からの依頼を受け、まずは話を聴く
- 支援導入のため家族と面接する
- 家族に了解を取り、佐藤相談員とは今後も支援状況や進捗を共有する

●アウトリーチチーム内での連携

- チームリーダーは、家族支援と本人支援の担当を分けて支援者を決める（担当者を分けない場合もあるが、田中さんの場合は、両親が本人と距離を取る希望を表明しており、直接支援に家族が関わらないこと、母・英子さんにはＰＴＳＤに関連するアセスメントや専門的支援が必要と考えられたため、担当者を分けて、チームで情報共有をしながらそれぞれに支援を進めていく）
- 担当者は、まめにチーム内で現況を共有する（報告・連絡・相談をする）

●病院との連携

- 病院の医療チームの窓口となっている若林相談員とまずは電話で連絡を取り、支援導入の状況を報告し、カンファレンス同席を申し出、了解を得る

- アウトリーチチームのスタッフが最初に一郎さんに会うときは、若林相談員から一郎さんに紹介してもらう（若林相談員は一郎さんと良好な関係を築いていたが、もし、相談員があまり患者に関わっていない場合は、関わりがあって良好な支援関係を築いているスタッフから紹介してもらうほうがよい。そのほうが患者の不安がより小さくてすむため）
- 一郎さんに紹介してもらい、一対一の会話を行うことを含めた直接支援を開始したら、本人に了解を取って、一郎さんの希望や目標を含め、支援の状況や進捗は若林相談員を通して医療チームとも共有する

④協働的なチーム支援の成果——一郎さんのその後

- 退院後一年半の間、一度も再入院していない
- 自立度を保って生活している（必要な相談はしながら自分で生活をマネージしている）
- 新しいことをしたいと、ピアスタッフの話を聴き、対話の会に参加している
- 対話の会で出会ったメンバーの通所する地域活動支援センターを見学・通所
- 経験専門家養成講座に参加予定
- 就職に向けて一歩を踏み出したいと表明している

一郎さんへの支援においては、まずは医療チームの個々のスタッフが、それぞれに一対一で安心感を得られる会話を繰り返し、一郎さんを理解しようと努めたことが非常に重要な関わりだったと思われます。医療チームの個々のスタッフは、入院当初は重い精神症状があり、言語的表出の少なかった一郎さんの不安や恐怖心に配慮し、本人の安心安全をまずは考えました。こうして、医療チームは一郎さんとの信頼関係と協働の関係をつくっていくことができました。

そして、この協働関係はその後のスムーズな支援展開につながっています。アウトリーチチームが退院支援に入ったとき、一郎さんは医療チームのすべてのスタッフに好意と信頼を寄せていました。それは、一郎さんの「雑記」の記述から明らかです。このため、若林相談員が紹介したアウトリーチチームスタッフに対して、一郎さんは不安を抱かずに、初回から河野支援員と院内を散歩しながら会話をしています。一方、患者（利用者）が医療チームに不信感をもっている場合は、退院支援に入るアウトリーチチームのスタッフに対しても不安や不信感を抱くことが多く、支援導入が難しい場合もあります。河野支援員はすでに構築されている医療チームと一郎さんとの協働関係に参加する形で支援に入っていくことができました。そして河野支援員もまた一郎さんの理解に努め、一郎さんの希望をチーム内で共有し、共にアイデアを出し、実際に行動に移して、一郎さんとのさらなる信頼関係と協働関係を築きました。そして、ピアスタッフの伊藤さんも、すでにある協働関係に参加する形で一郎さんのチームに加わりました。

このように退院後も支援チームと一郎さんとの協働関係は続き、それが一郎さんの主体的で自律的な生活を支えていると考えられます。

―コラム❹―

家族支援

患者（利用者）の家族、特にケアラー（ケア提供者）としての家族は、支援チームにとっては協働するパートナーでありクライエントでもある。「家族支援」には文字通り、家族を支えるためのあらゆる援助行動が含まれるが、まずは患者（利用者）本人も含めたその家族を孤立させないということが重要である。支援チームは家族に会い、話を聴き、家族の困りごとが解消されるように援助する。

日本では長らく、「保護者」として患者家族（特に親）が重い負担を強いられてきた。法的には親は成人した子どもの保護義務を課せられないが、今も保護者とみなされる傾向が完全に払拭されたわけではない。ケアのニーズをもつ家族がいる場合、ほとんどの家族は、親だから、兄弟だから、妻／夫だから、子どもだからという理由でケアの担い手になる。家族としての愛情は肯定しつつ、支援チームは家族にもそれぞれの人生があると心得て関わる必要がある。病気を発症したのは自分のせいではないかと思い込む家族（特に親）も少なくない。このため支援チームは家族の話をよく聴き、心理教育（心理面に十分な配慮をしながら適切な情報提供をすること）を意識した関わりをすることで、家族が冷静かつ主体的に必要な選択をしていけるように、そして家族自身の生活を守れるように援助する。

また昨今では、親が統合失調症などの重い慢性の疾患を抱えており、ケアしている自覚のないまま、やむにやまれず親の介護者となっている「ヤングケアラー」の存在が認識されるようになった。誰にも相談できず、一人で課題や悩みを抱えていたケアラーとしての家族自身が心身を病む場合もあり、支援につながったときはすでに相当に深刻な状況になっていることもある。そのような状況が見て取れたら、ケアラーとなっている家族構成員がまずは適切なケアを受けられるように援助する必要がある。

―コラム❺―

住居支援

長期入院者や再発再入院を繰り返す人の退院支援においては、住居支援を要する場合が多々ある。退院後に帰る家がない場合、まずはその人の経済状況を確認する。本人に預貯金や財産があるのか、障害年金を受給しているのか、所持金はいくらあるのか、経済的援助をしてくれる親族がいるのか、本人や家族など周囲の人から丁寧に聞き取りをする。

一人で生活していくための資金がない場合は、生活保護の申請を援助する。本人が生活保護申請を希望する場合、入院中であれば、病院の相談員（ソーシャルワーカー／精神保健福祉士）が、市町村の生活保護担当課に連絡して手続きを進めていく。預貯金がなく、仕事もない場合、賃貸物件を患者本人が契約することは非常に難しいだろう。障害者年金を受給することは助けにはなるが、それだけでは生活費として足りないため、生活保護の申請をして受給が決まってようやく賃貸物件を契約できる最低限の条件が整うことになる。次に、連絡のつく電話番号、入居後の緊急連絡先となってくれる人の名前、電話番号や住所が必要になる。これらがない場合も賃貸物件申請時にまず保証会社の審査に通らないことが多い。

支援者が患者（利用者）とともに物件にあたりをつけ、内覧し、患者（利用者）がそれを気に入り物件を申し込むと、次に審査がある。昨今は連帯保証人を要求されないが、保証会社を通す必要がある。ひとつの保証会社の審査が通らない場合は、同じ会社が関与する他の物件でも審査が通らないため、別の保証会社が関与する物件を探すことになる。ただこうした情報は公開されていないので、支援者側が協力的な不動産会社とのネットワークをもっているとよい。その不動産会社が管理している物件でなくても、情報公開されているすべての物件を仲介してもらえる。たとえば、患者（利用者）本人がインターネットで物件情報を検索して、内覧してみたい物件をその不動産会社の担当者に伝えると、担当者が該当する物件の管理会社に連絡手配し、内覧させてもらうこともできる。本人が自分で検索すると、本人の希望に沿う物件を見つけやすくなるというメリットもあるだろう。グループホームという選択肢もあるが、地域によっては数が少なく、患者（利用者）の希望とマッチしない場合も多々ある。アパートのほうが、自由度が高く、選択肢も広いので、住居支援の主流は、患者（利用者）本人とアパート探しを一緒に行うことである。

以上のように、住居支援とは、アパートなどの賃貸物件探しから患者（利用者）

本人が自分で物件を決め、賃貸契約して　一連の援助を指す。
入居するまでのプロセスで必要とされる

コラム❻

ピアサポートとピアスタッフ

ピアサポートの「ピア」は、英語の"Peer"にあたり、同輩、同僚、仲間という意味である。精神保健医療福祉領域では、精神障害等をもつ人同士の相互サポートをピアサポートと呼ぶ場合と、自分自身も精神科サービスユーザーである人が研修などでサポーターとしてのトレーニングを受け、同じサービスユーザーを援助することをピアサポートと呼ぶ場合とがある。

相互サポートとしてのピアサポートは、アメリカのシェリー・ミード（Shery Mead）が創始したＩＰＳ（Intentional Peer Support／意図的ピアサポート）（Mead, 2008［二〇一二］）や、メアリー・エレン・コープランド（Mary Ellen Copeland）の創始したＷＲＡＰ（Wellness Recovery Action Plan／元気回復行動プラン）（Copeland, 1996［二〇一二］）に代表される。ＩＰＳでは、「ピアサポートの原理（ピアサポートですること）」を次のように記述している（Mead, 2008［二〇一二］、一二頁）。

原理1 つながり

これがピアサポートの核心です。

原理2 世界観

ものの見方（どうしてそう思うようになったのか）を理解するために、お互いに助け合うこと。

原理3 相互性

ともに学び、成長する過程として、助けを再定義すること。

原理4 向かうこと

望まないことを避けるためではなく、望むことに向かって進むために、お互いに助け合うこと。

なお、ピアスタッフとは後者のピアサポートに該当し、精神科サービスユーザーである人が、精神保健医療福祉領域のひとつあるいは複数の事業所にフルタイムもしくはパートタイムで雇用されて、その事業所で働くスタッフのことであり、対人援助業務を含めその事業所で求められる仕事全般に関わる。

⦿ 文献

Copeland, M.E.［久野恵理＝訳］(1996［二〇一二］)『ファシリテーター研修マニュアル――元気回復行動プラン（WRAP™）を含むメンタルヘルスのリカバリー』、WRAPプロジェクトZ

Mead, S.（2008）Intentional Peer Support : An Alternative Approach. International Peer Support.（久野恵理＝訳（二〇一二）『意図的なピアサポート――代替的なアプローチ1』、IPS）

第4章
人々の声を聴く
経験専門家から多職種専門家へ

本章では、精神保健医療福祉のサービスユーザーで経験専門家として活動されている三名と、精神科病院と地域精神保健の双方で働いた経験をもつ多職種専門家六名にインタビューし、貴重なお話の数々を収録しました。立場の異なる人々の声から、精神保健医療の課題と展望、そして協働するメンタルヘルスの実際をより深く知るための機会としていただけることを願っています。

1 経験専門家の声

［聴き手］下平美智代
［語り手］本橋直人
三塚雄介
トシヒロ
※二〇二三年二～三月の間で個別に実施

第1章でも触れた「経験専門家」と所沢市での活動について、インタビューに応じてくださったのは、「ところざわ経験専門家養成講座」を修了された方々です。どのような講座なのかここで少し説明を加えたいと思います。

講座は二〇二一年七月に初めて開講されました。所沢市保健センターこころの健康支援室が主催し、所沢市アウトリーチ支援チームが協力して運営しています。一コース全一〇回、一回二時間で、コース開始から終了まで毎週一回午後に行われます。受講定員は五名で、ファシリテーターとなるスタッフも五名です。講座では受講生もスタッフも自分自身の経験（体験したこと、思い、考え、感じていること）を言葉にします。各回、自分自身のことを振り返り、言葉にするための課題と枠組み（それを「ワーク」と呼んでいます）があり、それに沿って講座は進んでいきます。

話したくないことを話す必要はありません。その場を共有している参加者との間で話したくなったこと、伝えたくなったことを言葉にしていきます。講座では、スタッフが、オープンダイアローグを意識したファシリテーションを行います。一人ずつ話ができるように、お互いに語り合い、聴き合うことができるように心を配ります。そのなかで受講生は、今の自分、これまでの自分自身の人生を振り返り、経験を言葉にして伝え、他の参加者の言葉に耳を傾けます。「聴く」ための練習としては、「理解を深めるための質問」や、リフレクティング（聴いて理解したこと、感じたことを言葉にして返す）の機会を設けています。

こうして、受講生は内観すること、語ること、聴くことの経験を重ねます。このような場を運営することで、ファシリテーター（スタッフ）もまた同様に、内観すること、語ること、聴くことの経験を重ねていきます。

それでは、実際の修了生たちの声を聴いてみましょう。

1　本橋直人さんの語り

経験専門家までの道のり

小学校五年生後半から無気力な状態になって学校に行かなくなりました。理由は親には話せませんでした。もともと、勉強はできるほうで中学受験のために進学塾に行っていました。学校の勉強は簡単でテストは一〇分で終わってしまう。先生からはできるところを見せないようにするのも大事だよと言われました。目立ち過ぎているから隠しなさいと。当時は理由がわからず隠せませんでした。そしたら、いじめのようなことが起きました。小五の後半、勉強も大変で、クラスもばらばら。それでも昔からまとめ役だったからそれも期待されていて、胃潰瘍になるほど追い詰められました。もう限界で、塾も辞めて、学校にも行かなくなりました。中学は公立に入りましたが、当時は中学校が荒れていた頃で、結局、ほとんど行きませんでした。高校に入り、やっと勉強ができるようになり、結果も出せて誰からも何も言われない状況になりました。

ところが高校二年生になって理由がないのに無気力になりました。これはおかしいと思いました。それで親に精神科に行ってみたいと相談して、初めて受診しました。当時、幻聴が聞こえ始めていました。いろいろと検査をしてもらったうえで、統合失調症という診断を受けました。当時の主治医は薬をたくさん処方する人でした。最初の薬で強い副作用が出ました。それから副作用止めが出て、その副作用止めの副作用が出てしまい、また薬を出す。そういった治療でどんどん投薬量が増えていき、大量服薬の影響で生活もままならない状態になってしまいました。治療のため半年間休学して、学校に復帰しました。一つ下の子たちと同じ学年になりましたが、落ち着いている子が多く、同級生たちが僕を助けてくれました。そのおかげで卒業することができました。卒業式のときに卒業証書と、もうひとつ賞状をいただきました。「あなたは幾多の困難を乗り越えて……」という内容の賞状でした。

高校を卒業して、「地域生活支援センター所沢どんぐり」に通所するようになり、ピアスタッフの方が話を聴いてくれるようになりました。また、通所を始めて少したった頃、ある宗教の修行場所のようなところで三カ月間生活したことがあります。その生活が良かったのか、だんだん頭がすっきりして体が動くようになり、普段に近い日常生活が送れるようになりました。戻ってから精神科を受診すると、主治医が僕の変化に驚いていました。しかし薬は減らしてはくれませんでした。その後、主治医が不在になった三カ月間、代わりの医師が来て、まず「君はなんでこんなに薬を飲んでいるの?」と訊いてくれました。そこから三カ月、話し合いながら減薬していってくれました。

今は、別の医療機関に通院しています。それと母が家族会で聞いてきて知った治療法も試しました。それも効果があったのか、だいぶ回復して、一時期は障害者雇用で就労しました。今は就労していませんが、充実した生活を送っています。どんぐりへの通所は続けていて、二〇二一年の夏に「ところざわ経験専門家養成講座(TEBET)」のチラシを見て、参加を決めました。

経験専門家養成講座に参加して変わったこと

リフレクティングを経験して、感じることに素直になったと思います。同期の受講生が感じたままを言葉にしていたのですが、最初はそれが僕には難しかったのです。僕はとにかく考えてしまう。自分自身の本当の気持ち、感じていることは自分でも実はわかっていなかったのだと気づきました。本当は自分はどう感じているのか、ということを意識するようになりました。成長過程でだんだん感じることをしなくなっていくと、生きるには窮屈だから精神的につらくなっていくのかなと今は思います。感じることをよしとしないことで苦しんで、感じるという感性を素直に受け入れたとき、人は初めてやすらぎを感じるのかもしれません。

そして、今はすぐに判断しなくなったように思います。ちょっと間を置こうと思うようになりました。

経験専門家として今思うこと

最初は実感があまりなかったけれど、講座が終わってみるといろいろとやることがあって、修了後も続いているのがいいなと思います。専門職の人たちと直接コミュニケーションする機会ができたり、講演を引き受けて準備をしたり、良い意味でやることがいろいろあります。自分はこれをやっているのだと思えるものになっています。経験専門家として協力することは講座の修了証をもらったときに決意していました。これからも出し惜しみせずに協力していければと思っています。経験専門家は単発で終わらないのだと実感していますし、それがとても大事だと今は思っています。

医療職者に伝えたいこと

医師でも看護師でも心から患者を助けたいと思って仕事をしている人と、ただ仕事だからやっているという人がいます。医療を心得ている方は、どんと構えて接してくれます。ただ仕事としてやっている方は、こちらが必要なことでもそれをやってはくれません。入院中、食事や飲み物などを持ってきてくれないこともありました。僕の表現では、助けたいと思ってやっている人が医療人です。実習にいらっしゃる看護学生さんに特に伝えているることは、資格を取って看護師にはなれても医療人になれるとは限らないということです。僕は「医療人になってほしい」と強く伝えています。医療人は腰も低く、常に謙虚な方々です。そういう違いを感じてきたので、医師、看護師などを目指す方は医療人になってほしいと思います。もし、医療人ではない医師が担当になっている人がいるのであれば、主治医を替えてもいいと思います。当事者とご家族の方にはそう伝えたいです。そうしなければ、この先、多くの精神疾患の当事者の方が、悲惨な状況になると思います。僕自身がそうだったように、病状が良くならないのは精神疾患の当事者の責任ばかりではないと、今強く感じています。

2　三塚雄介さんの語り

経験専門家までの道のり

私は中学三年生の六月から学校に行けなくなりました。「明日は行こう」と思っても怖くて行けなかった。きっかけは、学校でのいじめでした。高校に入って少し通ったけれど、また行けなくなりました。一八歳のとき、親に連れられて初めて精神科を受診しました。そのときは対人恐怖と強迫性障害とうつ病で重症と言われました。

高校を中退して、二七歳頃まではアルバイトをしていました。当時、なかなか眠れなくて、自分で調べて、眠くなる抗うつ剤があるのを知って、それを主治医に伝えたら処方してくれました。その薬を飲むとPCのシャットダウンみたいにパタッと眠れました。しかし、その後から世界が変わってしまいました。テレビで司会者が私の家のことをべらべらしゃべっていました。友達に電話をしたらNTTにかかってしまうこともありました。眠って起きたらまた世界がおかしい。家族が受診に連れて行ってくれて、統合失調症の疑いがあると言われ、頓服を飲んだりしましたが、翌日、入院をしました。

入院中に焦燥感が出て、三週間で退院したものの、その後も得体のしれない強烈な不安に襲われ続けました。泥のなかに全身つかって生きているような感覚が三年も続きました。バイクで通院していましたが、長い下り坂があって、ダンプが向こうから来たときに、あれに体当たりしたら楽になるのかなと一瞬頭をよぎりました。でも死ぬのは怖かった。本心では生きていたかったのでしょう。

落ち着いたきっかけは、病気を受け入れられたことだったんだと思います。治そうとするのもあきらめたら、肩の荷が下りたような感じになり、低空飛行ながら苦しい状態からは抜け出せました。少しずつ気分が上がってきて、家事手伝いはするようになりました。三〇代半ばの頃です。

三八歳の春、ある新薬が出ると知り、主治医に頼んで処方してもらいました。これが自分には合っていて、時がたつにつれて、新しいことをする意欲が出てきました。就労移行にもつながって、結局そこは退所しましたが、今の通所先につながりました。

ピアスタッフとの出会い

ピアサポートに関心をもったのは、「あるこ（地域活動支援センターあるこ）」を利用している人でピアカウンセラーの勉強をしている人がいて、「ピアカウンセラーって何ですか？」と訊いたら、施設長さんがすでに他の地活でピアスタッフとして働いている方を紹介してくれました。その人と会ったときに『ピアスタッフとして働くヒント』（大島巌＝監修／星和書店［二〇一九］）を紹介してくれたので読んでみました。興味が出てきたところで、「ところざわ経験専門家養成講座（ＴＥＢＥＴ）」の話を聴いたのです。それで参加を決めました。

経験専門家養成講座に出て変わったこと

ＴＥＢＥＴでは、自分が話していることを否定されることがないので、自分の意見が言えるようになりました。辛口なことも言えるようになりました。

経験専門家として今思うこと

感情的に言ってしまうともめるので、気をつけないといけないと思います。最近、通所先で施設全体の利用法を話し合うプログラムがありました。私がちょっとヒートアップして意見を出したところ、他の利用者さんが自分の意見を否定されたと受け取ったようで、怖いと避けられています。精神を病んだ人たちは自分を否定されることをかなり恐れているのではないかと感じる出来事でした。やはり、言葉は丁寧に扱わないといけないと思います。人を幸せにも不幸にもするのだから……

医療職者に伝えたいこと

以前の主治医は怖いところもあるけれどいいドクターだと思っていました。でも、あることをきっかけに受診先を替えました。二八、二九歳のとき、抗精神病薬の副作用でＥＤになってしまい、主治医に相談しました。一回目はこういう薬ではそういうこともあるといった感じでした。二回目に相談したとき、ちょうど主治医は機嫌が悪いときだったらしく、頭をかきむしって、「ああ、やってられない！　君、相手なんていないだろう！　体治すのが先だろ!?」と言われました。私は統合失調症って完全には治らないと聞いていたので、その主治医の言葉は、「一生そのままだ」と言われているようでものすごくショックでした。この副作用に悩んでいる人はたくさんいると思います。話しにくいことを相談しているのだから、思いやりをもって聴いてほしい。そして、一度薬を飲んで、どれほどつらいか体験して理解してほしい。そうすればこんなことは言えないはずですから。

3　トシヒロさんの語り

経験専門家までの道のり

僕は三七歳でうつ病を発症しました。妻がもともと統合失調症で、当時は病状が不安定で常に対応に追われていました。仕事は飲食店のマネージャーとして休みなく働いていました。妻の対応と仕事に追われる日々が二年続いて、ある日突然涙がとまらなくなり、仕事に行けなくなりました。それが始まりです。

病院にはすぐには行きませんでした。妻をどうするかで必死でした。仕事に行けなくなったことで、妻のことに専念できるようになって入院先を見つけることができました。僕自身も妻の入院先で受診して、うつ病との診断を受けました。

僕はラジオを聴くのですが、あるラジオパーソナリティの話に惹きつけられました。その人はうつ病経験者でとても知的な人で、物事を多角的に観て考察したことを話されていました。それに共感し、自分の観方だけでなく、広くいろいろと勉強しようと思うようになりました。〝人間っていったい何だろう？〟と考えるようになり、宇宙とか地球とか勉強し始めて、だんだん気持ちが前向きになっていきました。

五年ほど前に、生活保護の担当ワーカーに就労継続B型とかA型から始めてはどうかと勧められ、森のとうふ屋さん〔注－労働者協同組合ワーカーズコープ・センター事業団 森のとうふ屋さんの手づくり菓子工房〕に行ってみました。そのとき、所長との面談のなかで、「ワーカーズコープに入らないか」と言われました。それでそういうことも考え始めました。再就職を考えても、年齢的にも難しいと思ったというのもあります。組合員になってやっていくのも道だと思いました。ワーカーズコープは、出資して、一人一票で意見を出し合って、組合員として働く事業です。まず福祉的就労で働いて、一年後に組合員になりました。モチベーションが上がって、楽しく働いていましたが、一年たって疲れが出てきた頃に新型コロナウィルス（Covid-19）のパンデミックが起きたのです。

ピアスタッフとの出会い

妻には基礎疾患があり、自分自身も休みたかったので、五カ月間仕事を休ませてもらいました。戻ろうかなと思ったときに、組合員としての仕事は厳しいと思い、福祉的就労に戻ることにしました。担当の相談支援専門員の方にこちらからお願いして、月に一回面談をしていただきました。一年たった頃、その方が「ピアスタッフを知っている？　トシヒロさんに合っているんじゃないかな？」と言ってくださいました。私は「ピアスタッフ」が何か知らなかったのですが、とても興味が湧いて、市内でピアスタッフをしている方々に紹介していただき話を聴きました。自分もやってみたいと思い、ピアスタッフを目標に福祉的就労を継続し、二〇二二年秋にスタッフになりました。私は、ただその人の悩みを聴くだけではなく、〝なぜその人はこういう状態になってしまったのか？　なぜ今みたいな生活をしているのか？〟と考えます。その人だけの問題ではなく、社会のほうにも原因があるんじゃないかと今は思っています。いろいろな人の話を聴き、メディアで言われていることを鵜呑みにせず、勉強しようと思うようになりました。ピアスタッフとして、というよりは一個人として、みんなとつながって、一緒に声を上げていかないと社会は変わっていかないと今は思っています。

経験専門家養成講座に出て変わったこと

ＴＥＢＥＴに出たことによって、これまで考えてきたこと、経験してきたこと、これからやろうとしていることが整理されました。もうひとつ、他の受講生の話を聴くなかで、一人ひとり違うのだと改めて認識することもできました。人との関係性のなかで自分の考えを押し付けるのではなく、まず相手を理解したい、そのうえで何が自分にできるかを考えたい、と思うようになりました。

経験専門家として今思うこと

対話の場をつくり、地域でそれぞれに困っていることを聴いて、その困りごとを仕事にしてみんなで取り組んでいきたいです。

病名とか状態のカテゴリー（例－ひきこもり）の前に人がいます。支援者がカテゴリーに分けてその人を見てしまうと、その人の言葉を聴かず、思い込みで判断してしまう場面があると思います。たとえば、単に疲れてため息をついているだけの人に対して、具合が悪いのではないかと勝手に支援者側が思ってしまい、声もかけずにいる場面を見ることがあります。特性として理解して支援するのは大事だとは思います。しかしまずはその人に声をかけ、話を聴くほうがより大事だと思います。僕は、ケアとか支援って何なのだろうとよく考えます。僕はピアスタッフですが、仲間とは、「支援する・される」の関係ではなく、自分も相手を気遣い、相手も自分を気遣ってくれる、そういうなかで相互的な気づきや助け合いがある関係なのだと思っています。

医療職者に伝えたいこと

妻は入退院を繰り返していました。医療に対して〝ふざけんな！〟という思いはありました。医療保護入院だと閉鎖病棟に入ります。治療の仕方とか患者への対応とか病棟の雰囲気をみたときに、こんなんで良くなるわけがないじゃないかと思いました。人権がないし、ただ病院にいて薬を飲まされて人間扱いされていない。どこに行ってもそうでした。転院を三回繰り返してようやくまともな病院に出会いました。そこでようやく落ち着いたのです。病棟のなかでの患者への虐待は、加害をした個人も悪いけれど、なぜそういうことが起こるのか、医療制度や職員のサポート体制の問題があると思います。

支援する人も困っている人がいるから支援する側になっているけれど、その人も長い人生のなかで支援される側になります。生きていくうえでの困りごとはみんなで解決していけたらいい。共存していくためにどうしたらいいか？　それを考えていくことが自分自身の軸なのかなと思います。

2　多職種専門家の声

1　多職種連携、私の経験、そして今思うこと

［聴き手］下平美智代
［語り手］齋藤和彦（訪問看護ステーションACT－J管理責任者 ACTチームリーダー／看護師）
松本拓也（訪問看護ステーションACT－Jケースマネージャー／作業療法士）
真嶋信二（一般社団法人COMHCa共同代表（元ACT－Jケースマネージャー／作業療法士））

※二〇二三年三月八日にグループインタビューを実施

このインタビューでは、二〇〇五年に国の研究事業で発足し、二〇〇八年に特定非営利

活動法人リカバリーサポートセンターＡＣＴＩＰＳに運営が引き継がれた、ＡＣＴ－Ｊの齋藤さんと松本さん、二〇一九年度までチームスタッフだった真嶋さんにお話を伺いました。ＡＣＴプログラムのことは第1章で紹介していますので、そちらも参考にしながらインタビューを読んでみてください。

下平　病院勤務のご経験もある齋藤さん、松本さん、真嶋さんにチーム医療や多職種連携についてのご経験やお考えについてお話を伺います。まずＡＣＴチームに参加したのはいつからですか？

齋藤　病院からＡＣＴ－Ｊに転職したのは二〇一四年で、二〇一八年から管理責任者になり、ＡＣＴチームのリーダーの兼務は二〇二二年からですから、ちょうど一年になります。

松本　一年半前にＡＣＴ－Ｊに入職しました。その前は八王子で精神科訪問看護を六年、その前に身体障害者の訪問看護を一年、さらにその前は甲府の私立の精神科単科病院に三年勤めました。

真嶋　私は二〇一六年から二〇一九年までＡＣＴ－Ｊに勤めていました。その前は私立の精神科病院の地域連携室やデイケアなどに九年間勤めました。

下平　ありがとうございます。病院での経験と、なぜＡＣＴ－Ｊに転職されたのかをお話しくださいますか？

齋藤　看護師になり一般科で経験を積んだ後、故郷の福井に戻って県立病院〔総合病院〕に就職しました。そのとき、希望はしていなかったけれど精神科に配属されました。実は、もともとは精神科に苦手意識がありました。学生の頃、精神科病院実習で気分が悪くなってしまったことがあって、そのときは自分でも理由がわからなかったのですが、今振り返ると、病棟で保護室を見た衝撃が大きかったのだと思います。小さなのぞき窓から人がいるのを見て、なんともいえない感覚がありました。

県立病院で精神科に配属されたときは看護師としての経験も積んでいたので、やっていかないといけないと覚悟しました。二〇一〇年当時の県立病院の精神科は社会復帰支援をするのがもう当たり前になっていました。たいていの患者さんは三カ月で退院していて、二割か三割の人が慢性期の病棟に移っていました。何年も入院している人、長く隔離室にいる人もいました。そういう人が退院できるようにするためにはどうしたらいいのかと考え、とにかく本を読みました。当時、伊藤順一郎先生〔注―ACTを日本に導入した研究者の一人。現在、医療法人社団こころるるらメンタルヘルス診療所しっぽふぁーれ院長〕の本が多かったので、講演を聴きに行ったりもしていました。そこで伊藤先生と話す機会があり、ACTチームに来ないかと誘われました。病院の外から退院支援をするほうが早いかもしれないと思い、翌年、ACT―Jに転職しました。

松本　学生時代は高齢者のリハビリをしようと思っていました。そんなときに、この人かっこいいなと思える作業療法士に出会ったのです。精神科領域で働いている人でした。私自身はもともと、病院ではなく地域で仕事をしたいと思っていましたが、その方に出会って精神科で働いてみたいと思うようになりました。就職活動のときにその人に誘われて、まずは精神科病院で働くようになりました。でも、入職した時点で病院から地域に出ようとは思っていました。三年いましたが、これ以上病院にいたら外に出るのが怖くなるようにも思いました。地域でどういう選択肢があるかそのときはわからなかったので、最初は身体障害のある方を対象にした訪問看護ステーションで働き、八王子に引っ越すタイミングで、精神科訪問看護で作業療法士を募集していると知って転職しました。私はもともと千葉県出身で、ゆくゆくは千葉に戻って働きたいと思っていました。千葉県内ではＡＣＴ－Ｊと国府台病院が有名だというのは知っていて、千葉に戻ってくるタイミングに募集があったので入職しました。

真嶋　お二人の話を聴きながら、いろいろな記憶がよぎっています。私は大学を出てから作業療法士の学校に通いました。はじめは当時やっていたバンド活動の傍らで手に職をつけたいという気持ちでした。学校に通うなかで、精神科領域の先生が面白く、学生時代にアルバイトをした病院で一生懸命働く作業療法士の方々と出会ったことがきっかけで、作業療法士として働くことにしました。就職した病院は地域連携や退院支援を熱心にしている病院でした。よい上司や先輩、同僚にも恵まれ、地域に仲間もでき、充実した毎日を送っていました。その後、ACT－Jに転職したのは、リカバリー志向の実践を学びたかったからです。病院以外でできることを知りたかったということもあります。

下平　みなさんのいらした病院はチーム医療を取り入れていましたか？

齋藤　チーム医療をちゃんと実施している病院でした。ソーシャルワーカー任せではなく病棟の看護師も、どうしたらこの人が退院できるか、地域の受け皿としてどういうものが必要かと考えて行動していました。看護師、作業療法士、心理士、主治医、ソーシャルワーカーでカンファレンスをしていました。それでも、年間数人しか退院できないのが実情でした。困難事例といわれるような患者さんたちは公立病院に入院される傾向があります。それでも退院支援をしたいという目標があったので自分なりに努力していました。ただ、いいところまで行ったのに患者さんが隔離室に戻ってしまうということもありました。担当制だったので、退院支援をしているのに退院できないのは、家族側に何か要因があるのか、受け皿がないのかと考えながらでした。先輩たちと相談しながら担当患者さんを退院できるようにするので、訪問看護ステーションに自分で連絡したり、ソーシャルワーカーと組んで病院の車で患者さんと一緒に地域資源を見に行ったりしました。ただ、そうはいっても看護師はベッドサイドでの仕事が九割です。今、退院できるタイミングなのにすぐにできない、タイミングを逃すことのもどかしさも感じていいました。

松本　僕のいた病院はチーム医療ではなかったと思います。看護、コメディカル、事務と縦割りでした。一人の方に対してどうしたら退院できるようになるかという柔らかな話し合いはされていなかったと思います。土地柄もあったかもしれませんが、病院自体が退院に積極的ではありませんでした。当時は二〇年、三〇年と入院している人がいましたし、地域にも社会資源はあまりありませんでした。退院支援をどうやっていったらいいのかというようなことは、あまり考えられてはいませんでした。

真嶋　私のいた病院は退院支援に積極的でした。一方で私が入職した当初は多職種連携に課題がありました。思いはあってもどうしたらいいかわからないという感覚もありました。それでも次第に、多職種で退院支援の委員会をつくり、皆で事例を共有したり、病院内外とも連携していくシステムが整えられていきました。

下平　病院で働いていたときと今とでは何が違うと思いますか？

松本　精神科訪問看護で働いていたときと今とでは、今のほうが連携という意味では密です。価値観は病院時代とは変わったなと思っています。働き始めの三年間、多職種連携のない病院で過ごしました。そこで職種のイメージがついてしまったと思います。訪問看護に移ったときも、〝これ言ったら怒られるかな〟と思いながら最初は働いていましたが、やがて、職種は関係なく連携できるのだとわかりました。ＡＣＴチームでは、作業療法士だからこれはやらないというものはなく、得意不得意はあるけれど、チームで自分の強みをどう活かすか、この人はこういう役割を担ってくれるから自分はこう動こうと思える。「人」が前面にあって職種は次にくる。人の後ろに専門職があると思います。

真嶋　病院にいるときも退院支援をするようになったら職壁は超えやすくなったけれど、とはいえ作業療法士だったらここをやるという役割分担はありました。ACTチームでは、ケースマネージャーとしてやれることが全部できました。自分の全てを使って動きやすくなったということは病院からACT－Jに移ったときに感じました。

齋藤　チーム内の多職種連携というのは意識していなくて、資格よりは人柄と個性とかで連携しているかもしれません。連携って、お願いすること、お互いにお願いすることだと思っています。

下平　なるほど、たしかにそうかもしれませんね。そういう連携で気をつけていることや大切にしていること、理念のようなことがあればぜひ教えてください。

齋藤　自分の能力を自覚して足りないところを人にお願いするという感じです。自分の知識や技能は広く薄く専門性はないので、他の人にお願いすることが多いと思います。そういう意味では、「信頼する」ということが連携では大事かもしれません。自分がやるほうが速い場合もありますが、他の人と一緒にやるほうがいいこともあります。なるべく気持ちよく協力してもらえるように心掛けています。

松本　齋藤さんの話を聴いて「信頼する」というワードがしっくりきました。ACT－Jに来て初めて、自分一人でするのではなく、他の人が協力してくださって予想を超える成果とか結果が見えたという経験をしました。信頼して自分の背中を預けられる関係性のなかで連携していくのは、大きな効果があります。以前は表面的には連携していたかもしれないけれど本質的に連携していただろうか？……と振り返りました。

真嶋　相手の人にいかに気持ちよく動いてもらうか。尊敬するソーシャルワーカーさんは実際そういう風に動いていらっしゃった。どうしたら気持ちよく動いてもらえるのか。相手と関わるときも本人・家族の支援と似ていて、相手のいいところ、強みを見るようにしています。信頼、任せる、リスペクトという言葉が二人のお話を聴いて浮かんできました。

下平　今日は大切なお話をありがとうございました。よかったら最後に感想などお聞かせください。

齋藤　多職種連携でもうひとつ気を付けていることがあります。支援のゴールをシェアしておくのも多職種連携で大切なところです。みんながどこを向いているのか共有する、ケア会議ひとつにしても。それが大事だと思います。今日お話しすることで自分の実践を振り返るよい機会になりました。ありがとうございました。

松本　日頃あまり連携についてちゃんと振り返ることもしていなかったので、話を聴けて価値観を刺激されたいい時間になりました。ありがとうございました。

真嶋　さきほど齋藤さんから、目標をシェアするというお話があり、思いをシェアするというのも大事だと思いました。利用者の思い、たとえば、「退院したい」という思いをシェアすることでチームがそれを実現するために協力し合う。利用者の思いをシェアするのは核だと思います。今日はとても楽しかったし、もっと話したいなと思いました。ありがとうございました。

2　地域精神保健における多機関・多職種連携
――病院と行政型アウトリーチチームを体験して思うこと

〔聴き手〕下平美智代
〔語り手〕中西清晃（所沢市アウトリーチ支援チーム リーダー ケースマネジャー／看護師）
西内絵里沙（所沢市アウトリーチ支援チーム 副リーダー ケースマネジャー／精神保健福祉士）
大迫直樹（所沢市アウトリーチ支援チーム ケースマネジャー／作業療法士）
※二〇二三年三月一六日にグループインタビューを実施

所沢市アウトリーチ支援チーム［注1］のことは、第1章の「にも包括」先進例のところで紹介しています。筆者自身も二〇二二年一二月までチームスタッフの一人として働いていました。今回はチーム立ち上げメンバーの中西さん、西内さん、大迫さんにお話を伺いました。

下平　みなさんが所沢のアウトリーチチームに入られて四年半になりますが、まず、なぜ前職から転職してチームに入ることにしたのか、その背景からお聞かせください。

大迫　私は作業療法士として都内私立の精神科病院に二年、その後は同じ法人の訪問看護ステーションに移って六年働きました。その後、事情があってしばらくイギリスに在住し、帰国してから就職しようというときに、以前と同じことをするよりも何か新しい経験がしたい、新たな学びのある環境がよいと考えていました。そんなときに求人を見つけたのがきっかけです。

西内　私は、卒後すぐに郷里の総合病院に入職しました。地域医療への意識の高い医療法人で、地域のために何ができるかを常に考える風土がありました。私は精神保健福祉士なので精神科に配属されました。障害者自立支援法が施行され、相談支援専門員制度ができた時代で、市の委託を受け、相談支援専門員として市の保健師さんに文字通り手取り足取り地域精神保健を学ばせてもらいました。「精神障害者」は、病院で何らかの診断を受けることで福祉サービスにつながります。ですが、困難を抱えながらも何の支援にもつながっていない方に対し、医療がもっと積極的に地域に出て行き、サービスにつながるきっかけを作ることができないかという思いを抱くようになりました。そのなかでACTを知り、九州のACTチームの立ち上げに関わり、そこで働くようになりました。ただ、そのACTチームは診療報酬の枠組みのなかで活動していたため、未受診の方々だと訪問を続けることに限界があり、地域の保健師さんたちの熱心で根気強い支援にはずいぶん助けられました。この経験があったので、行政が実施するアウトリーチ支援チームでは、医療機関で経験してきたものとは違ったアプローチを学べるのではないかと考えたのです。

中西　私は郷里の看護学校に行っているときから同じ病院に勤務して、看護師になってからも同じ病院で働いていました。県立の精神科病院でしたので、時代の流れで、救急にシフトしていって、患者さんが退院する仕組みができて、入院から地域へ移行する退院支援に取り組みました。ただ、地域連携は病院のなかでは限界があると感じます。病院勤務時代、障害福祉課とも連携しながら、地域連携手帳をつくって普及に努めたりしていましたが、病院全体が地域連携の意識をもつことはなかなか難しいと思っていました。患者さんの地域定着も見据えた丁寧な地域移行支援をするには、病院としてマンパワーが限られているという状況でした。

なぜ所沢のアウトリーチチームに来たのかというと、実は何をするところなのかあまりよくわからずに来たのが正直なところです……。藤井千代先生〔注―アウトリーチチームのチーム精神科医／国立精神・神経医療研究センター精神保健研究所地域精神保健・法制度研究部部長〕が取り組んでいるところで看護師の公募があると院長から聞いて、国のモデルとなるものなら県立病院でもできるようになると思って、転職してきました。

下平　実際にアウトリーチチームで働くようになった当初はいかがでしたか？　ご自身としては何か変化がありましたか？

西内　私は以前より動きやすくなったと感じています。病院勤務の頃は、委託事業で得られる利用者支援の成果が、属している医療法人へどのように還元されるのかということを常に意識しなければなりませんでした。ＡＣＴではチーム運営のことも念頭に置く必要があり、診療報酬に頼る形を取っている以上医療になかなかつながらなくて、一歩手前の人たちへの介入には限界も感じていました。そうしたことを気にしなくていい環境で、主語を「利用者さん」にして支援を展開できることは、これまでのジレンマや不全感を払拭することにつながったと感じています。

大迫　私はこちらに来たときに、行政のアウトリーチのイメージができていませんでした。まずそこを知るところからだったと思います。以前に勤めていた訪問看護ステーションでは、利用者さんの生活を維持すること、再入院にならないようにするというところはできていたと思います。所沢では、ほかにサービスを利用していない人、天涯孤独だったりするような人に関わりますので、訪問看護ステーションと違って支援目標が多様です。それから、ここでは、利用者さん以外に関わる人、関わらないといけない人が増えました。そもそも、地域にどのような社会資源があるのか、どんな役割があるのかを知るところから始めた記憶があります。病院のことも、自分がいた病院のことしか知りませんでした。そこで市内の病院の作業療法士を訪ねて見学したりしました。ほかに就労継続B型の事業所や地域活動支援センターにも見学に行きました。

中西　僕の場合は、医療制度、診療報酬のことはわかっているけれど、地域の仕組み、制度についてはわかっていませんでした。アウトリーチでは利用者さんに包括的に関わるので、市役所での手続きなど、これまでやったことのないようなことをすることになりました。以前勤めていた病院でも地域連携はよくやっていました。今は保健と福祉の連携が強まっているけれど、そこに医療がつながるというのが難しいのかなと感じます。避けているわけではないと思いますが、たぶん診療報酬によって医療が成り立っているということがあるからだと思います。

西内　病院に勤務していた頃、訪問看護の人とは分かり合えることが、病棟の看護師だと同じ話をしているのに分かってもらえないということがありました。とある研究で出会った大学の精神看護の先生にそのことを尋ねたことがあります。その方は、精神科の看護は訪問看護でないとできない、病棟ではどうしても管理的な視点に重きが置かれると感じているとおっしゃっていました。それでその違いについて考えさせられました。

大迫　病院は病気を診るところで、その人の生活をみるというところまで意識されていないのかもしれません。患者の困り感は「病気」ではない、そうするとそこはケアされない、ということなのかもしれません。

西内　一般科ではそういう役割分担でもいいのかもしれないけれど、精神科の患者さんのケアはそうではないと思います。一般診療科でやっているのと同じ動きをするというのは違和感があります。たとえば、クリニカルパスは一般診療科ではよく用いられますが、精神科におけるケアは病院であってもそれだけでは足りないと思います。患者個々のニーズを観ていく必要はあると思います。

中西　病院でも患者さん中心という流れはできてきてはいます。一方で、地域に出ると、患者さんがいやだと言ったら、支援関係は成り立たない。そういう視点から見ると、入院医療には管理的な面があると思います。

下平　少し話題を移して――みなさんはチーム内だけではなく、多機関・多職種の方々と連携していると思いますが、ふだん、どんな風に連携しているか教えてください。

西内　所沢市の自立支援協議会の精神部会（こころ部会）に、市の障害福祉や高齢者支援、子どもの支援部門とともに参画させていただいています。部会には医療機関も委員として入っており、病院と地域が一緒に地域精神保健や福祉を考える機会を作っています。そのなかで私たちが日々臨床現場で感じる課題や、他の支援者が感じている課題を意見交換させてもらったり、気づきを尊重してもらえたりする関係性ができつつあるのはすごくありがたいと思っています。特にこころの健康支援室の精神保健福祉士の皆さんが、これまでの支援のなかから整理してきた地域課題を事業化したり、その仕組みができるよう働きかけたりしているのを目の当たりにし、同じ精神保健福祉士として尊敬の念を抱いています。アウトリーチ支援チームはそういった活動のなかから生まれたものであり、私たちはそれらをより具現化していかなければいけないと思っています。

大迫　私自身は、所沢市内の事業所、たとえば、この相談支援事業所ではここまでやれるとか、こういう風に分担できるなど、地域のリソースの特徴がわかるようになってきたことで、利用者さん支援の広がりができており、ご本人の変化につながっていると感じています。最近は連携をすることによって、他の機関のスタッフからもフィードバックをもらえるようになっています。

中西　ここに来た当初は、アウトリーチチーム自体が、特別なものと見られていたように思いますが、利用者さん支援に一緒に関わっている人たちが、だんだんと一緒に取り組むサービスのひとつだという認識をもってくださるようになりました。一緒に取り組んでお互いが一緒に成長していく、より良い支援につなげていく、という感覚になってきていると思います。福祉サービスの事業所は所沢市内に一二〇数カ所あります。利用者によっては、制度に乗れる人と乗れない人がいます。アウトリーチチームの役割として、制度に乗れない人をどう支援していくかということがあると思います。

大迫　協働することで、お互いに尊重し合っていることによる相乗効果はあると思います。病院との関わりも地域の福祉事業所と同じようにしているのですが、連携が難しいと感じることはあります。

西内　病院にいるときの多職種連携は分業ということが大きかったと思います。医師は医師、精神保健福祉士は精神保健福祉士、看護師は看護師、作業療法士は作業療法士といった感じで、横断的なやりとりではありませんでした。病院にはヒエラルキーが強く存在していたし、最終的に責任を取るのは精神科医というところも大きかったと思います。また、それが他の職種にとっては逃げや甘えになることもあったと感じます。本当の多職種連携はそういうものを取り払わないとできないと思います。分業ではなく、どう自分を活かすか、どう相手の職種を活かすか、ということだと思うのです。自分は精神保健福祉士なので、全て利用者さんにとってのリソースだと思っているから、そういう観方をします。支援の責任もみんなで負えばいい。今のチームのドクターはフラットなので、そこはキーポイントだと思います。

下平　とても共感します。この本に登場するのは退院支援の事例なのですが、みなさんは病院で退院支援を行うときの多職種連携で大事なことは何だと思われますか?

中西　私は病棟に長くいたので、退院支援にはケースマネジメントの思考が大事だと思っています。しかし、おそらく看護にも看護教育にもない発想です。このため、全ての看護師がそういう思考をもった体制ができるかといったら難しいと思います。病棟では個々のスタッフにケースマネジメントを期待するよりも組織としてやっていくことが大事なんじゃないでしょうか。病院として最低限のレベルをどうするか。今はＩＣＭ（Intensive Case Management／集中型ケースマネジメント）ができているので、普及していくことに期待したいです。病院がＩＣＭを取り入れてうまく地域連携をしていけるといいのかなと思います。

大迫　病院の作業療法士という立場からは、病院での診療報酬の点数だと個別支援がしづらいという面があります。ただ、工夫次第で時間はつくれます。長期入院の方にしろ、入院したばかりの方にしろ、病院側がオープンにこれまでの支援者や家族を含めて話をする場を設けるなどの定期的な機会があるといいように思います。それは、社会資源や患者さんに関わっている支援者を知ったり、退院後の生活をイメージするうえで大事だと思います。病院職員には患者さんが退院した後にどういう生活になるのかというイメージが薄いのではないかと思います。しかし、もっと工夫ができるはずだと思う。話し合いの場は退院前に一回や二回じゃなくてもっと定期的にあるといいと思います。

西内　そういう話し合いの場で、課題が見えて、「よし、こういうことをやっていこう」と前向きになるスタッフもいれば、なかなかそうはいかない場合もあるという印象があります。服薬管理ひとつにしても、「入院中に自己管理をやってみてください」と依頼したとして、リスクマネジメントを理由に難しいと言われることもありました。地域支援の側にしたら「退院してから過量服薬するほうが、リスクが高いでしょう」と思う。どっちにも言い分はあるけれど、誰がそこを調整していくのかという問題もあります。

大迫　間（あいだ）を取り持つ人が必要ですね。それは、病院のなかのスタッフがやってもいいんじゃないでしょうか？

中西　ＩＣＭの体制だと、病院内のケースマネージャー（精神保健福祉士、精神科認定看護師、ＣＮＳ（Certified Nurse Specialist／専門看護師））がその役割を担うことになります。退院支援、退院後の支援、そして、今は入院していない外来通院だけの人にも必要な支援を提供していこうという流れになっています。

大迫　特別なチームがある場合、そのチームが病院のなかで浮かなければいいなと思います。病棟がそのチームを受け入れられるかどうかが重要ですが、スタッフが「面倒くさいことをして……」とか思ってしまうと、病院内での連携が成り立たない。

西内　アウトリーチ推進事業に携わっていたとき、支援会議に出てくる病院スタッフはたいてい精神保健福祉士で、認定看護師がいたらその人が出てきていました。外相役はこの人です、という感じで。せっかく担当しているのに、患者さんを直接支援している人は出てこない。出てくださいと言わないと出席してくれない。病院側として地域の他機関との連携のイメージがもちにくかったのだと思います。現場で利用者さんがどう反応しているか、その情報は大事なのに、伝わらないのはもったいないと思っていました。病院内に退院支援も行うアウトリーチチームがあるとしても、病棟、病院全体で意識されないとせっかくあっても機能しないかもしれないと思います。

下平　たしかに。ＩＣＭが効果的に機能する形で普及するといいですね。病院全体がその意義について理解しているかどうかが重要になってくるのかなと思いました。

それでは最後に、みなさんそれぞれに多職種連携で意識していること、大事にしていることがあれば教えてください。

中西　関わってくれる支援機関の特性を活かしてもらえるように意識しています。うまくお互いに連携できるよう、力を出せるよう意識していて、ここで仕事をしているうちにそうなっていました。病棟で看護をやっていると、患者さんに不足しているところをこちらがやってあげなくては、という風になる。でも今は、ご本人の自律性や他の機関の自律性を意識して取り組まないといけないと考えるようになりました。

下平　そんな風に思うようになったきっかけが何かありましたか？

中西　その場の困りごとを支援者が解決するのではなく、一緒に乗り越えること、その人が主体的に自己決定すること、その人の人生ということを考えるうちに、そういった自律性が大事だと思うようになりました。過剰な支援はそれを妨げると思います。きっかけは、全ケースレビューやＩＴＴミーティング〔注－Individual Treatment Teamの頭文字で「個別担当チーム」のこと〕で、チームで話し合うことが多かったので、他のスタッフの話を聴いたりするうちにだんだんそう思うようになりました。自分一人だったらわからなかったと思います。

大迫　職種、立場、役割もそうですが、一人の人として連携する相手の方を尊重するように意識しています。その人がうまくやれていないのは何か事情があるのかもしれない。その辺も含めて、一人の人として尊重しつつ、理解しつつ、関わるようにしています。以前も「人として」というのは意識しているつもりでしたが、さらに強化されていったように思います。自分の知らない、その人の苦労とか、その人（たとえば相談支援専門員の方の）ケースロードも自分はわかっていない状態なのですから。その人のことを知ると、解決策とか対応を一緒に考えていくほうがお互いにとってやりやすくなります。ここ所沢では、チームでのミーティングが多い。人が何を考えてそういう行動を取ったのか、その理由を聞く機会が多いので、柔軟性などが大事だと思うようになりました。凝り固まっていると、自分にとっても利用者にとっても損だなと考えています。

西内　私は、解決すべき課題をいかに共有できるかが大事だと思っています。そのうえで誰が何をするのかは、それぞれがきちんと考えられるといい。起こっている問題をいかに共有できるか。関係機関とそれができない場合は他のアプローチを考えていくしかありません。

下平　西内さんはいつから、そう思うようになったのですか？

西内　はじめからです。この仕事を選んで、利用者さんありきで支援をしようと考えたときからです。私は精神保健福祉士なので、その倫理綱領に従っています。私の場合は、個別の価値観ではなく、「精神保健福祉士の価値観」です。じゃないと、何のために関わっているのか自分でもわからなくなりそう。わからなくならないために、そこに立ち返る。自分の軸はそこにしておこうという感じです。

下平　なるほど。たしかに、そこに立ち返るのは大事なことですよね。今日はみなさんそれぞれのご経験やお考えを改めて聴くことができて、アウトリーチチーム立ち上げの当初を振り返る良い機会にもなりました。ありがとうございました。

3　三つのインタビューを終えて

経験専門家のみなさんへのインタビューでは、個別にそれぞれ一時間から二時間お話を伺い、聴いたお話のなかから、本書に収録する最初の草稿をつくり、再度、個別にお会いしてこの内容でよいか確認し、一緒に文章を整えていく作業を行いました。専門家へのインタビューはグループで行いましたが、最初の草稿をつくった後、文章を整えていく作業は個別にご意向を伺いながら進めました。

こうした共同作業の過程で何度も私の胸に去来したのが、「ポリフォニー」という言葉でした。ポリフォニーはオープンダイアローグにおいて大事にされていることです。ミハイル・バフチン（Mikhail Bakhtin）というロシアの文芸学者が、ドストエフスキー（Dostoyevsky）の作品を「ポリフォニー小説」（バフチン、一九九五）と呼んでいます。これを踏まえて、オープンダイアローグの論文を多数発表しているセイックラ氏（Jaako Seikkula）は、異なる声が同等に併存するという意味でのポリフォニーが、精神科医療においてもつ重要性について強調しています（Seikkula & Olson, 2003）。ドストエフスキーの小説のなかでは、登場人物たちはあたかもそれぞれの人生を生きているように、それぞれの価値観、考え、主張によって独自の言葉を紡ぎます。バフチン（一九九五）は、「それぞれに独立して互いに溶け合うことのないあまたの声と意識、それぞれがれっきとした価値を持つ声」がポリフォニーであると述べています（一五頁）。経験専門家のみなさんも専門職のみなさんも、それぞれ違う人生を歩んでこられ、それぞれの経験のなかで培われたお考えや価値観をもっていらっしゃいます。筆者としては、そうした異なる人々が声を出してくださったこと、そして、それが文章になったものを、異なる経験をもつ異なる立場の方々が読んでくださることが、まずは意義のあることだと思っています。

それぞれの「声」が文章となったものを読んだとき、読む人それぞれに違う受け取り方があると思います。読み手それぞれにも、独自にたどってきた人生があり、経験のなかで培われてきた考え方や価値観というものがあるからです。「袖振り合うのも多生の縁」といいます。違う人生を歩んでいる者同士が、縁あって、ある時期ある場所でふと出会う、これもそういう出会いだと思うのです。この出会いが、新たな対話や相互交流のきっかけとなることを願っています。

◉注

[1] 所沢市アウトリーチ支援事業は、二〇一八年一〇月より国立研究開発法人国立精神・神経医療研究センターが受託しており、チームスタッフは精神保健研究所地域精神保健・法制度研究部に所属しています。

◉文献

ミハイル・バフチン［望月哲男・鈴木淳一＝訳］（一九九五）『ドストエフスキーの詩学』、筑摩書房［ちくま学芸文庫］

Seikkula, J. & Olson, M.E. (2003) The open dialogue approach to acute psychosis : Its poetics and micropolitics. Family Process 42-3 ; 403-418.

［補遺］リフレクション
――時間をかけること、それが最短で最良の道かもしれない

［聴き手］下平美智代
［語り手］岩谷 潤（一般社団法人ＣＯＭＨＣａ 共同代表／医師）
小川 亮（医師）
松本衣美（一般社団法人ＣＯＭＨＣａ 共同代表・祐天寺松本クリニック／精神科医）
※二〇二三年四月二二日に実施

下平 今日は岩谷さん、小川さん、松本さんに、本書の草稿を読んでいただいたうえでお集まりいただきました。ありがとうございます。まずは自己紹介をお願いいたします。

岩谷 こんにちは。もともと文系の大学を出ていますので、医師の仕事を始めたのは三〇歳を超えてからです。まず大学病院や県立の精神科病院で仕事をさせてもらった後、千葉の診療所で訪問診療を四年ほど経験しました。和歌山に戻って別の大学に勤めたのち、

休養に入り、今はＣＯＭＨＣａ（コムカ）に参加しています。

小川　私は、医学部の学生だった頃に長い当事者経験があり、その後医師になり、地域精神保健の研究や、産業保健場面での対人支援などに関わったりしながら、今に至っています。研究においては主に当事者と専門職のCo-production（共同創造）や、Patient and Public Involvement（患者・市民参画）、リカバリーカレッジ〔注－二〇〇九年にイギリスで始まった、精神疾患をもつ当事者が主体的に学べる場であり、リカバリー志向の実践を指す。三つの原則――「当事者と専門職のCo-production（共同創造）」「教育モデルであること」「誰でも参加できること」――がある。当事者と専門職が共に創り、共に学び合う場という特徴をもつ〕などのテーマに携わってきました。

松本　私は医学部を卒業後、大学病院で後期研修を受け、そのときにさまざまな精神科の病院で勤務することがありました。そのなかで、たまたまＡＣＴ（包括型地域生活支援）と呼ばれるプログラムを知り、精神疾患のある方の住まいに私たちが出向き、サービスを届ける、ということに興味をもち、そこからＡＣＴやアウトリーチの現場で働くことになりました。今は外来や精神保健相談、産業医など、いろいろな場所で働いています。

本書を読んだ所感

下平　この対話では、本書の感想とご自身の経験、普段の考えや思いなど自由にお話しいただきたいと思います。まずよかったら、本書の全体的な感想をお願いします。

松本　物語仕立てなのがよかったです。総括があって、物語仕立ての事例があって、最後に経験専門家のお話、専門家のお話があってすっと頭に入ってくる。中身としては、話をするということの大事さを改めて感じました。

岩谷　全体的な感想としては、いろいろな変化に時間がだいぶかかるなと。精神科医療に関わっている人、一人ひとりに精神科医療をめぐるいろいろなそれまでの経験とか思いがあって、今の医療を受け入れたり、話し合ったりするのに時間がかかる。時代の変化にも時間がかかる。時代の変化が遅いから、時には医療を使う側の人は、訪問のようないろいろなサービスを使えるようになるまでに時間がかかってしまうというのもあります。目指すものや、よりよいだろう形があって、その実現に時間がかかるということもある。ただ、時間がかかっても少しずつ変わっていくというのは、訪問診療の現場でも何度も経験してきました。申し訳ない言い方ですが、これまでの医療現場で時々見たような、ただ時間が経っているだけ、というのとは違うと思います。

小川　お二人がおっしゃっていたことは、僕自身も感じました。事例についてはこういうことが起こるってすごいことだなと思いました。アウトリーチ支援に関わっている人にとっては当たり前かもしれないけれど、こんなことが起こりうるって知らない人がいっぱいいると思うのです。本になっていろんな人の目に触れるのはいいと思いました。お二人のコメントを聴いていて、松本さんの「話をすることの大事さ」とは、「どんな話」をすることの大事さなのか、話をすることの「どんな大事さ」なのか、あとは岩谷さんのお話にあった「時間が経っている」のと「時間をかけている」のとはどう違うか、その違いも訊いてみたいです。

話をすること、時間をかけること

松本　こちら側がどう時間軸をとらえているかって大事だと思います。外来でゆっくり時間をかけると難しくなってしまう。アウトリーチをすると時間軸がずれていく。外来だと患者さんを待たせているという焦りのなかで診療することになってしまうけれど、アウトリーチだと「じっくり時間をかけていいんだ、もっとこの人の話をじっくり聴いてもいいんだ」と思えました。そこが自分のなかでの変化でした。時間をかけることは、医療のなかでは評価されないけれど……ああ、でも、時間をかけていいと思ったのが先なのか、話をするのが大事なんだと思ったのが先だったか……とにかく、アウトリーチでは時間がいっぱいいただけると思いました。

岩谷　話をすることって誰にとっても難しい。医療を提供する側にとっては、外来でこの人の後、何十人も患者さんが待っていると思うと焦りが出ます。外来の無機質な場所だと、患者さんのほうもしゃべれない。訪問ではより話しやすい条件が整っているかもしれません。この本には、いろんな立場の方が登場されて、読んでいて感じたのは、どの方のお話もある程度、理解したり想像したりできるということです。私自身は、これまで訪問しながらいろいろな支援者さんからも話が聴けたことが大きいと思います。ただ、この本のなかでのさまざまな言葉には、この職種だからこういうことを感じている、言っている、というだけではなく、一人ひとりの個性や人間味のようなものが感じられる。多職種チームということももちろん大切なのですが、訪問という場を経験したうえで語ってくれているということは、とても大きいと思います。

松本　精神科医も、家に訪問して、その場で話ができる人とできない人がいるような気がしています。岩谷さんはどんなふうに話しますか？　ご自宅に行ったときは？　私は、その方に対する興味とか、もっとこういうことを聞いてみたいなというのがある。話を続けることが苦痛ではない。もしかしたら、端的に話を聴いてアセスメントするのがいいという医師もいて、アウトリーチに惹かれる精神科医の嗜好性ってあるのかも。アウトリーチの支援者になりたいと思う人と、なりたくないと思う人がいる。看護師でも、精神科は嫌だと言う人と精神科がいいと言う人がいますね。アウトリーチチームのなかにも安心感がある。話を続けることを批判されない、理解される、というような訪問型のチームに行っていたこともあるけれど、そこでは効率が重視されていました。だから、訪問型だからって同じではないです。

人と人との関わり合い

松本　岩谷さんは利用者さんのところに行ったとき、どうされているのですか？

岩谷　訪問の初回は、相手は知らない人なので、基本的には、僕がこの仕事をしていなければ出会えない人です。それが、何かに困って訪問を依頼してくれ、僕が役に立つかもしれないという状況になった。自分が役に立つかもしれないし、立たないかもしれないし。でも会えたのは運がいい。この方はどんな人なんだろう、という気持ちで訪問します。

小川　アウトリーチだと職種より個性が出るという話が出ていました。先日、COMHCa（コムカ）の創立記念イベントの岩谷さんのお話で、岩谷さんがアウトリーチして利用者さんの家に行くと、「初めまして」「どこに座ったらいいでしょうか」というところから始まると。人によっては、部屋のなかに入って行って、座りたいところに座るという専門職もいると思うのです。今のお話に岩谷さんの個性が出ている。僕が感じていることだけれど、病院のなかって医師にかかわらず、ふるまいにはいろいろな蓄積があると思います。医師はこうふるまうというテンプレートがある。病院は役割を固定するようなところがあるけれど、アウトリーチをすると、場とか空間とか人間関係とか、多様な場所、多様な関係性ということもあり、テンプレートがない分、その人が人間としてどうあるかとか、医師と患者というよりも、人間としてどう見ているかといった、個人差が現れやすいのかもしれないと思いました。病院以外では、人間対人間、個人の個性が出やすいのかもしれません。たとえば松本さんはリカバリーカレッジで講座をしていらっしゃいましたが、そこでは、医師と患者ではなく、人としての松本さんとそれを聞きにくる人という関係が生まれると思います。

松本 経験専門家の方で、「医療人（いりょうびと）」と言っていた方がいましたが、そういうのって利用者さんにもわかるのだなと思います。その場をどう設定するか、外来で症状だけを診るのか、生活も含めその人を診るのか。ご自宅に訪問するので、安心安全なものにする場の設定をするのがアウトリーチの役割に入っていると思います。

岩谷 病院というのは職種の役割がかちっとしているところです。だからこそ効率良くたくさんの人の症状を良くするということができる。一方で精神疾患をもっている人は、心がしんどくなると不安で孤独感も強くなる。そのつらさが症状からの回復を妨げてしまう。「病院で傷ついた」という話をあちこちで聞きます。病院が提供できる関わりだけだと、不安や孤独感をうまく軽減するには足りないかもしれません。医療者の態度とか姿勢に拠ってしまうところもある。医療者のなかにもしんどくなってしまう人がいることにも関わっているかもしれません。

松本　「人の話を聴くのしんどくないですか？」とよく言われます。私にしてみれば、それよりシステムのほうがしんどい。無言のプレッシャーで、ゆっくり患者さんの話が聴けないほうがきついです。自分がやっていることは若干整体に近いと思っています。つぼがわかっているけれど、その人の体に触ってみないとわからない。ゆっくり丁寧に探っていきながら、「ここじゃない？」と一緒に見つけられる喜びがある。間違っていたら、「間違っちゃったね」と。触らせてもらえないとこういう関係は築けない。こういう話をしてみたけれど、よくわからないと言われちゃいました（笑）。違う方向に行っても、その人と「どうしようか」と言える間柄ならいいと思います。ただ時間がかかる。時間をかけないとそうはいかないです。

二つの「時間」

小川　僕自身は当事者としての年月が長いので、そういう立場からの視点で話します。複雑な問題を解決するのは時間がかかると思います。第2章・第3章の事例の支援、時間がかかって当然だと思うのです。ただ時間が経つだけではない、時間のかかる複雑な問題があると思うのです。自分の経験を振り返ると、複雑な問題、こじれちゃった問題って、自分で気づいたり、問題を理解したりするのにも時間がかかります。僕は長いこと専門家に話を聴いてもらっていました。でも、最初は困っていることを話せないのです。それがだんだん話せるようになって、まず準備してきたものを話せるようになり、良くなってきた頃は、準備したものを話せるだけではなく、本当はこう思っているということ、気づいたことを話せるようになりました。結局、短時間で解決する問題もあるけれど、話せたり、気づいたりするのにも時間がかかるということだと思います。時間をかけないと進まないような問題ってたくさんあると思います。時間をかけられる場とか関係性があるのが大事なように思います。

岩谷 休養して一年間は医者に戻ることを目標としていました。でもその考えをやめました。医者に戻らなくてもいいかもと思ったらすごく楽になった。小川さんのお話を聴いて、僕自身についても思うのですが、問題を解決しよう、目指すものに到達しようとすると、時間がかかる。そのプロセスは時に、つらくて耐えられないほどに尖ってしまうことがある。でも、そのしんどい時期に、じっくりと時間をかけて味わう、と考えるのもひとつの方法かもしれないということを、お伝えしたくなりました。そういう年月は人生のなかでもとても大切な時間なのかもしれません。そしてそのように、時に痛みを伴いながらも意識的に時間をかけるというのは、訪問してその人の家や部屋で、その人との間に時間をかけるのと、少し似ていると思います。

下平　みなさんのお話、とても興味深いですね。時間がかかるという点について、「二つの時間」があると思いました。この本の事例では、退院支援が始まってから退院するまではさほど時間はかかっていないのです。でも、そのように支援が展開していくために、患者さんと会話したり一緒に動いたりするのには、支援者はものすごく時間をかけているということがあります。こういった「二つの時間」が支援の現場には流れている。

小川　あくまで僕の経験ですが、自分がとても困っていたとき、自分ですぐ思いつくことかできることはあまり役には立たなくて、本当に助けになったのは、長い時間をかけて出てきたものや気づいたことだったように思います。あとは、長期間なかなか難しい状況が変わらず行き詰まりを感じて途方に暮れかけていた頃に、それこそ先ほどから出てきているような「時間をかける」タイプの支援を受けるようになり、事態が少しずつ動き始め、ほんのちょっとずつ可能性を感じられるようになっていった記憶があります。そうした意味で、一時的に「時間がかかる」から無駄のように思えたとしても、先ほどの松本さんの整体の話のように「必要な試行錯誤」をするために、あるいはこの本に出てきた「会う、聴く、共に動く」を実践するために、そこに意識的に「時間をかける」

「手間をかける」ことで初めて、支援を受ける本人にとって希望を感じるような変化が生まれる、そんな「急がば回れ」的なことが世の中にはあるんじゃないかなあ、と感じました。

遠くまで行くために、みんなで

下平　時間をかけることが良くなっていくことにつながるし、結局はそのほうが早いということだと思います。予想外に時間ということについて深い話をお聴きしていろいろと考えさせられました。ありがとうございました。最後に一言ずついただいて終わりたいと思います。

松本　下平さんが書いてくださっているように、多職種チームって共通の目標を共有していうのが大事なんだなと思いました。利用者さんがどうしたいのかとか何になりたいのかといったことです。それは出てくるまでに時間がかかるかもしれないけれど、そこに時間をかけて、目標を立てる場をつくる。そこがぶれないということがアウトリーチチームの良さだと思います。目標は変わるかもしれないけれど、そこも柔軟に、次はどうしていこうと一緒に考える。改めてそう思いました。

岩谷　精神科医の仕事として優先順位が高かったのが、いつが時間をかけるタイミングなのかという判断でした。他の人を待たせたとしても、ここは時間をかけるべきか、何を話すか。どういう時間を過ごすといいのかは、その人によって本当に違います。論理的に会話するのがいいのか、症状について会話することを求めているのか、黙って一緒にいる時間が大事と思っているのか。できるだけ、相手が何を感じているのかを感じて、そういう風にできるといいと思います。今日の会話はとっても楽しかったです。場をつくってくれた人、集まってくれた人のおかげですが、本のテーマを念頭に置きながらも、そうでない話もできたことが良かったです。症状のことを念頭に置きながらもいろいろな話をしたくなる、面接の場面もそうであったらいいのかなと思いました。

小川　とても楽しかったです。感じていることを聴かせてもらうのも楽しかったし、話をしていて自分がこういうことを考えていたのだなと気づいたこともありました。時間論ってもしかしたら、この本の裏テーマかもしれないって思いました。時間というものに対してどう思っているか、当事者とか家族とか医療者に聞いてみたいと思いました。現代の医療のなかで「時間」がどう語られているかについて自分がぱっと思い浮かぶのは、どちらかというと短いスパンで時間当たりの成果を上げよう、といった観点かな、と思うのですが、また違った観点から「時間」について話し合うことも大事かもしれないですね。

あとはそれに関連して、Co-producion（共同創造）やリカバリーカレッジの研究を通じて知った「早く行きたければひとりで、遠くまで行きたければみんなで」という趣旨の言葉を思い出しました。多職種連携やアウトリーチ、「会う、聴く、共に動く」というのは「みんなで行く」ことなのかな、と。そして、今の松本さんや岩谷さんのお話を踏まえると、それは一時的には「時間がかかる」ことではあるけれど、そこに意識的に「時間をかける」という判断をすることで初めて、利用者さんにとって意義のある支援を提供できることがある。そういう価値観をチーム全体で共有しておくことがカギなのかもしれないなと、そんなことを感じたひとときでした。ありがとうございました。

下平　今日の対話では、「時間をかける」ということを取り上げていただき、ご自身の経験からくる実感とともにお話しいただけたのがすごくよかったと思います。私もとても楽しく聴かせていただきました。ありがとうございました。

用語解説

第1章

環境衛生工学（Environmental sanitary engineering）

環境衛生工学とは、環境・社会科学と医学（公衆衛生）および工学（制御技術）を融合した領域を指す（奥村充司・大久保孝樹（二〇〇九）『環境衛生工学』、コロナ社）。

燃え尽き症候群（Burnout syndrome）

「バーンアウト」とも表記される。対人援助職に多く認められる、慢性的な精神疲労の蓄積によりまるで燃え尽きたかのように仕事への意欲を失い、抑うつ状態に陥ること。

ニーズアセスメント（Needs assessment）

援助者が、患者（利用者）にどのようなニードがあるのか、対面での観察や会話のなかでの患者自身の言動あるいは言葉から、さらに家族など周囲の人に聞いたことなどから拾い上げ、ケアプラン立案のための根拠とするプロセスを指す。Assessmentは査定あるいは評価とも訳される。

障害福祉サービス

障害者総合支援法下の福祉サービス全般を指す。介護給付（ホームヘルプなど）、訓練等給付（就労移行支援など）、地域生活支援事業（移動支援など）、地域相談支援（地域移行・定着支援）が含まれる。

相談支援専門員

患者（利用者）が障害福祉サービスを利用

する際、計画相談支援（サービス利用支援と継続サービス利用支援）を公的に行うことのできる専門職のこと。相談支援専門員となるためには一定の実務経験があり、かつ都道府県が指定する初任者研修を受け、五年ごとの現任者講習を受けることが必要とされる。

エンパワメント（empowerment）

「力を与えること」の意。社会福祉の援助理念として示されてきた意味は「否定的な評価と差別的な待遇によってつくられたパワーの欠如状態」から「パワーを取り戻し、さらに強化していく過程であり、それが可能になることを目指すもの」とされている（一般社団法人日本ソーシャルワーク教育学校連盟＝編（二〇二二）『精神障害リハビリテーション論』、中央法規出版、一二頁）。

二次医療機関

一次医療機関はかかりつけ医、二次医療機関は救急外来や専門科のある総合病院、三次医療機関は高度な専門性をもった大学病院を指す。

GP（General Practitioner／一般医）

一般医、総合診療医、かかりつけ医などと訳される。プライマリケア医という呼び方もある。フィンランドなどヨーロッパの多くの国では、GPの診察を経て二次医療機関に紹介され受診することができる。ケロプダス病院は二次医療機関でありながら、問題の深刻化予防を目的とした早期対応のため、GPを経ずに地域住民が直接、ケロプダス病院に相談し受診できるような体制をつくっている。児童思春期外来も同様である。

DSM－Ⅲ－R

一九八七年に発行されたアメリカ精神医学会（American Psychiatric Association）の操作的診断基準DSM－Ⅲ（一九八〇）の改訂版。その後、DSM－Ⅳ（一九九四）、DSM－Ⅳ－TR（二〇〇〇）、DSM－5（二〇一三）、

ＤＳＭ－５－ＴＲ（二〇二三）と改訂版が出されている。ＤＳＭはDiagnostic and Statistical Manual of Mental Disordersの頭文字。

ノーマライゼーション（Normalization）

一九五〇年代にデンマークの知的障害者の親の会の活動から発展した「障害者が一般市民と同じように普通の生活を送り、同様の権利が保障されることを目指した」活動を指す（一般社団法人日本ソーシャルワーク教育学校連盟＝編（二〇二一）『精神障害リハビリテーション論』、中央法規出版、三六頁）。

第2章

グループホーム

複数の障害者がサポートを受けながら自律的な共同生活を送る、障害者総合支援法下の障害福祉サービスのひとつ。入所期間に制限のある通過型と期限のない永住型がある。

宿泊型生活訓練施設

知的障害や精神障害のある人に対して、日常生活に必要な訓練相談および助言などを行い、生活能力の維持向上をはかる、障害者総合支援法下の障害福祉サービスのひとつ。原則、利用期限は二年間である。

障害年金

公的年金の加入者が、疾病あるいは負傷によって障害者として認定され、働いて収入を得ることが困難になった場合、一定額を年金の形で支給される制度。

生活保護

収入が得られず生活費や貯金もない人に対して、生活保護法に基づき、必要な保護を行い、最低限度の生活を保障する制度。生活保護は、保護を受けたいと思った本人が居住する市町村の福祉課に申請するようになっているが、さまざまな事情により自分自身で申請のためのアクションを起こせない人もいる。

医療機関の相談員（ソーシャルワーカー）や保健・福祉の相談や支援に関わる専門職者が申請をサポートすることが必要とされる場合は多々あるが、そのときに、ただ生活保護制度があることを案内するだけではなく、一緒に動くことが必要である。

精神科デイケア

患者が社会生活機能の回復を目的に外来治療の一環として日中の一定時間、精神科病院や診療所などに通所し、さまざまなプログラムに従って心理社会的治療を受けるサービスを指す。

地域活動支援センター

市町村が実施主体で、通常は、民間の社会福祉法人や特定非営利活動法人などが委託され運営する通所型の施設。運営内容は事業所によりさまざまで、居場所主体で創作や作業的プログラムを一部行うところもあれば、障害者同士の交流が盛んなところ、社会生活全般の個別相談を職員が積極的に受けているところもある。

EMDR（Eye Movement Desensitization and Reprocessing／眼球運動による脱感作と再処理法）

アメリカの心理士のフランシーヌ・シャピロ（Francine Shapiro）が開発した統合的なトラウマ療法で、ＰＴＳＤに対してエビデンスのある療法。眼球運動、タッピング、聴覚刺激など二重注意両側性刺激（bilateral stimulation）を誘導することで、左右の脳を交互に刺激しながら記憶をたどり、トラウマ記憶の処理を行う。

第3章

保健所通報

精神保健福祉法二三条には、精神疾患の症状で自傷他害のおそれがある人を警察官が見つけた場合、保健所に直ちに通報するよう定められている。

措置入院

精神保健福祉法二九条に定められている。措置診察により、精神保健指定医二名の診断結果が一致した場合に、精神疾患の症状により自傷他害のおそれのある人について適用される入院形態。

措置診察

精神保健福祉法二七条に定められている。精神疾患の症状により自傷他害のおそれがある人について、都道府県知事の権限で、精神保健指定医に診察させ、措置入院の要否を判断する。警察官や検察官らの通報や申請に基づくが、入院させなければ自傷他害のおそれが明らかな人については、通報や申請がなくても診察させることができる。

ストレングス（Strength）

「強み」の意。アメリカで生まれたリカバリー志向のケアマネジメント手法にストレングスモデルがある。ストレングスモデルでは、利用者の病理や問題に焦点を当てるのではなく、利用者自身の夢や希望、やりたいことに焦点を当てる。

OT（Occupational Therapy／作業療法）

デイケアや入院病棟などで、手作業や創作活動、コーラスやダンスなどの芸術活動、料理や掃除といった日常生活動作の訓練など、精神科医の指示・処方に基づき、作業療法士の援助や、看護師、心理師、精神保健福祉士など医療チームによって行われる。個人療法もあるが集団療法として行われることが多い。

精神障害者保健福祉手帳

精神障害のために、長期にわたり日常生活や社会生活の制約がある方を対象とした手帳。税金の控除や減免など公的扶助が受けられる。

自立支援医療

精神通院医療（精神医療を継続的に要する人が対象）、更生医療（身体障害者手帳の交付を受けている人が対象）、育成医療（身体障害を有する児童が対象）を受ける人に対して、医療費の自己負担額を軽減する公費負担医療制度を指す。

あとがき

協働的なチーム支援は、決して特別な実践ではありません。これまでも、そして今も世界や日本の各地で（マジョリティでないとしても）実践されていることです。患者（利用者）さんやそのご家族と会って話を聴き、必要なことが共有されたら、それに合わせて共にアイデアを出し合い、合意されたことを共に動きながら進めていく、そういう支援のあり方です。しかし、これを難しいと感じる向きもあることでしょう。その難しさは、おそらく、不確定要素が多いこと、常に柔軟な動きを求められることにあると思われます。

ある研修で、「患者さんに話を聴こうとしても、話そうとしない人もいます。そういうときはどうしたらいいですか？」という質問がありました。留意する必要があるのは、患者さんを変えようとか、話を訊き出そうとはしないということです。「話さない」ということにも何かしらの理由があります。言語的表現が不得意なのかもしれませんし、過去の他者との関係において大きな傷つき体験があるのかもしれません。もしかしたら、過去のネガティブな体験から医療職者を信用していないのかもしれません。トラウマも含め、あらゆる可能性を念頭に、安心安全を意識し、関わり方を工夫し、非言語的表出も含め何かが表現されるまで待つということも大事だと思います。事例として紹介した桜公園病院の医療チームが田中一郎さんにそう接したように。

支援ということに限らず、私自身は、自分がどういうあり方でそれをするのか、ということが大事なのだと思うようになりました。それは考え方とか姿勢といったことなのですが、ただ何かをするのではなく、どういう自分でそれをするのかによって、その後の状況が違ってくると思うからです。「まえがき」で紹介した、ティモさんの言う「考え方」「生き方」は、臨床実践に否応なしに映し出されます。そういう意味では、第4章や補遺「リフレクション」で何人かの方がおっしゃっていた、「職種の前に人がいる」ということにも通じるように思います。しかし、何か正しい「考え方」「生き方」があるということではありません。モデルとなる支援者がいて、みんなその人のようになればよいということでもありません。そうではなく、喜びや悲しみといった感情も含め、自分自身の考え方や生き方を眺めてみるような機会が（できれば継続的に）必要なのだと考えています。個人的には、支援者自身も安心安全な場で十分に話ができる（十分に聴いてもらえる）機会をもてるといいと思っています。自分のなかの思いや考えを出せるような研修あるいはサポートが通常の体制としてあるのが理想です。

さて、前述の「待つ」というのは、オープンダイアローグの「不確かさに寛容であること（tolerance of uncertainty）」（「不確実性への耐性」とも訳されています）に近いように思われます。これは、患者さんやご家族と治療の場を共にしている支援スタッフの臨床姿勢として、特に治療初期に大事にされていることです。対話のなかから現況の輪郭がもう少しはっきりと立ち現れてくるまで、あらゆる可能性を感じながらも判断や結論を急がずに、患者や家族と共に居る（沈黙の時間も含め会話を続ける）というあり方であると私自身は理解しています。オープンダイアローグを世に広めた家族療法家であり研究者のヤーコ・セイックラ氏は、「不確かさに寛容である」というのは、「他者と共にいる方法（a way of being with others）」であり、「その人自身でいる方法（a way of being with one's self）」なのだと説明しています（Seikkula & Olson, 2003, p.408）。そして、「それは、リルケ（Rilke, 1984）の言う、『その答えのなかに生きている（live your way into the answer）』（p.42）というあり方を意味している」（p.408）のだと。

オープンダイアローグについて調べ始めた二〇一三年当初、この論文の、リルケの引用の意味がさっぱりわからず、しかし理解したい気持ちは強くて、『若き詩人への手紙』を読んでみたことを懐かしく思い出します。「その答えのなかに生きている」という一節含まれる文章は次のようなものでした。

“I beg you, to have patience with everything unresolved in your heart and to try to love the questions themselves as if they were locked rooms or books written in a very foreign language. Don’t search for the answers, which could not be given to you now, because you would not be able to live them. And the point is to live everything. Live the questions now. Perhaps then, someday far in the future, you will gradually, without even noticing it, *live your way into the answer.*”

（お願いです。あなたの心にある、あらゆる未解決のことに忍耐をもち、問いそのものを愛するようにしてください。まるで鍵のかかった部屋や全く知らない外国語の本のように。今のあなたに与えられない答えを探そうとしないことです。あなたはそれを生きられないでしょうから。大事なことは全てを生きることです。今、その問いを生きてください。たぶんそうしているうちに、ずっと後になって、気づかないうちにだんだんと、その答えのなかに生きていることでしょう）

リルケは後輩である「若き詩人」への深い思いやりからこの手紙を書いたのですが、その若者はリルケの言葉を理解できず詩人であることをあきらめました。全てを生きる、それはリルケ自身の生き方そのものであっただろうと想像します。体験しなければ理解しえないようなことをリルケは言葉にして伝えたのです。「不確かさに寛容であること」もまた体験のなかで初めてその意味が実感できることのように思われます。

『若き詩人への手紙』を初めて読んでから一〇年の歳月が経とうとしています。今振り返ると、当初（数年間）の私はオープンダイアローグの本質を理解しようと勢い込んでいたように思います。しかし、そういうときには、私自身が本当に知りたかったことを知ることはできませんでした。頭で理解しようとするのをやめて、目の前のいる人々との間で起こることに意識を向け続けていたら、いつの間にか探していたもののなかに自分がいることに気づいたのです――それが「体験」だったのです。

本書が今のような形にまとまったのは、編集者である藤井裕二さんとの対話のおかげです。

藤井さんは、私の構想を聴き、初期のまだ混沌とした物語を読んでくださり、理解を示してくださいました。そして、原稿を書き進めるなかで、実際的な改訂のアイデアもご提示くださいました。言葉に尽くせないほど感謝しています。

真嶋信二さんはマルチタレントな方です。私の依頼に応じて、事例の登場人物のイラストを描いてくださいました。また、第1章から第3章の草稿を読み、構成について助言をくださいました。第4章の専門職インタビューにもご参加くださいました。ありがとうございました。

Many thanks to Elina for your lecture regarding networking and interprofessional collaboration in the Western Lapland region and for allowing me to include it in this book.（西ラップランド地域におけるネットワークづくりと多職種連携のお話を聴かせてくださり、本書への掲載をご許可くださったエリナさんに御礼を申し上げます）

第4章の「人々の声」のインタビューに快く応じてくださった皆様、経験専門家の本橋直人さん、三塚雄介さん、トシヒロさん、ACT－Jの齋藤和彦さん、松本拓也さん、所沢市アウトリーチ支援チームの中西清晃さん、西内絵里沙さん、大迫直樹さん、それぞれの貴重なご経験をシェアしてくださりありがとうございました。心から感謝を申し上げます。

第1章から第4章まで読んでくださり、リフレクションの対話に参加してくださった、岩谷潤さん、小川亮さん、松本衣美さんに感謝を申し上げます。ご自身の経験を織り交ぜながらの自然体のリフレクションをありがとうございました。

私がACTチームで働くという稀有な機会をいただけたのは、特定非営利活動法人リカバリーサポートセンターACTIPS理事の伊藤順一郎さんと足立千啓さんにお声がけいただいたからです。この場をお借りして御礼申し上げます。

所沢市アウトリーチ支援チームの立ち上げと運営という、これもまた稀有な機会をいただきましたのは、国立精神・神経医療研究センター 精神保健研究所 地域精神保健・法制度研究部の藤井千代さん、佐藤さやかさん、山口創生さんのお声がけと温かいサポートがあったからです。所沢市での経験がなければ、本書を書くこともなかったでしょう。本当にありがとうございました。

所沢市で経験専門家の養成講座を含め、さまざまな語り合い・聴き合いの会を市に提案し、実現することができたのは、そうした場を創ることに共鳴し、共に動いてくださった方々のおかげです。特に、初期から協働くださっている地域生活支援センター所沢どんぐりの志賀滋之さん、所沢市保健センターこころの健康支援室の齋藤文花さん、早瀬大介さん、山田裕貴さんに厚く御礼を申し上げます。

そして、ケロプダス病院スタッフの皆様、ACT－Jチームの皆様、所沢市アウトリーチ支援チームの皆様、所沢市こころの健康支援室の皆様、市内外の関係機関の皆様に心からの敬意と謝意を表します。熱意と誠意と高度なマネジメント力をもって縦横に協働する皆様の存在は、本書を書くにあたってインスピレーションの源となりました。

最後に、今は亡き友、久野恵理さんに本書を捧げたいと思います。久野さんは日本の研究者にACTを紹介した方であり、後に、WRAP（元気回復行動プラン）やIPS（意図的ピアサポート）を伝えてくださった方です。私は久野さんの導きで二〇一二年にIPSを知り、ワークショップに参加するようになりました。これらの体験とケロプダス病院で出会った経験専門家の方のお話がきっかけで、二〇一七年に千葉県市川市で「経験専門家語り聴く会」を始め、それが現在の所沢市での経験専門家活動につながっています。

久野さんはオープンダイアローグのことも早くからご存知で、二〇一四年に市川市で行っていた小さな勉強会にスカイプで参加してくださっていました。前述のリルケの文章を見せて、「禅みたいな感じがする」と私が言ったら、「ほんと、これ禅だわ」と共感してくださいました。二〇一五年の秋頃だったでしょうか、「みちさん、一緒に本を書きましょう」と言ってくださったことがありました。それに応えられないまま、翌年の夏、久野さんは旅立たれました。あのときの久野さんの言葉の響きが私の胸に残っており、それが本書を書き進めていくのに力を与えてくれました。

⦿文献

Rilke, R.M.（1984）Letters to a Young Poet. Public Library.（訳は筆者による）
Seikkula, J. & Olson, M.E.（2003）The open dialogue approach to acute psychosis : Its poetics and micropolitics. Family Process 42-3 ; 403-418.

下平美智代（しもだいら・みちよ）

一般社団法人COMHCa共同代表、国立研究開発法人 国立精神・神経医療研究センター 精神保健研究所 地域精神保健・法制度研究部 客員研究員。博士（心理学）。公認心理師、看護師。聖隷浜松衛生短期大学第一衛生看護学科卒業、日本女子大学人間社会学部心理学科卒業、東京大学大学院医学系研究科精神保健学分野博士課程満期退学。

主著

『臨床心理学中事典』（分担執筆・遠見書房［2022］）、『オープンダイアローグ――実践システムと精神医療』（分担執筆・東京大学出版会［2022］）、『精神看護の展開』（分担執筆・医学書院［2021］）、『精神障害リハビリテーション論』（分担執筆・中央法規出版［2021］）、『ピアスタッフとして働くヒント――精神障がいのある人が輝いて働くことを応援する本』（分担執筆・星和書店［2019］）、『SWNS-J手引き――抗精神病薬治療下主観的ウェルビーイング評価尺度短縮版の日本語版』（共著・星和書店［2010］）ほか。

協働するメンタルヘルス
“会う・聴く・共に動く”
多職種連携／チーム支援

2024年4月10日　印刷
2024年4月20日　発行

著者――下平美智代

発行者――立石正信
発行所――株式会社 金剛出版
〒112-0005
東京都文京区水道1-5-16
電話 03-3815-6661
振替 00120-6-34848

装丁◉山田知子（chichols）
本文組版◉石倉康次
印刷・製本◉シナノ印刷

Printed in Japan©2024　ISBN978-4-7724-2031-0 C3011

トム・アンデルセン 会話哲学の軌跡

リフレクティング・チームからリフレクティング・プロセスへ

[著・訳]＝矢原隆行 [著]＝トム・アンデルセン

●四六判 ●上製 ●220頁 ●定価 3,080円

フィンランドの精神医療保健システム「オープン・ダイアローグ」や、
スウェーデンの刑務所実践「トライアローグ」をはじめ、
世界の会話実践から彫琢された会話哲学。

対人支援のダイアローグ

オープンダイアローグ、未来語りのダイアローグ、そして民主主義

[著]＝高木俊介

●四六判 ●並製 ●264頁 ●定価2,860円

精神科治療のためのオープンダイアローグと、
対人支援組織や当事者－支援者関係の未来語りのダイアローグを、
統合するための実践的な試み。

リフレクティング・プロセス（新装版）

会話における会話と会話

[著]＝T・アンデルセン [監訳]＝鈴木浩二

●A5判 ●並製 ●176頁 ●定価 3,520円

セラピスト、観察者、クライエントが意見を反響させる
「リフレクティング・チーム」の哲学を紹介。
アンデルセン『リフレクティング・チーム』のオリジナル編集。

価格は10%税込です